Helmut Fischer
Religion ohne Gott.

TVZ

Helmut Fischer

Religion ohne Gott?

Heute vom Glauben reden

TVZ

Theologischer Verlag Zürich

Der Theologische Verlag Zürich wird vom Bundesamt für Kultur mit einem Strukturbeitrag für die Jahre 2016–2018 unterstützt.

Bibliografische Informationen der Deutschen Nationalbibliothek
Die Deutsche Nationalbibliothek verzeichnet diese Publikation in der Deutschen Nationalbibliografie; detaillierte bibliografische Daten sind im Internet über http://dnb.dnb.de abrufbar.

Umschlaggestaltung
Simone Ackermann, Zürich,
unter Verwendung eines Ausschnitts von Michelangelo Buonarrotis
»Erschaffung Adams« (um 1511)
Deckengemälde der Sixtinischen Kapelle, Rom, wikmedia.org

Bibelzitate nach Zürcher Bibel (2007)

Druck
Rosch-Buch GmbH, Scheßlitz

ISBN 978-3-290-17916-8
© 2017 Theologischer Verlag Zürich
www.tvz-verlag.ch

Inhaltsverzeichnis

Was Sie von diesem Buch zu erwarten haben

In Europa gab es eineinhalbtausend Jahre lang Religion nur in Gestalt des Christentums. Dieses Monopol haben die christlichen Kirchen im deutschsprachigen Raum seit der Mitte des letzten Jahrhunderts zunehmend verloren. Mit der globalen Mobilität sind auch andere Religionen in das öffentliche Bewusstsein getreten und werden wahrnehmbar von Nachbarn und Arbeitskollegen praktiziert. Für die Begriffe »Religion«, »Religiosität«, »Spiritualität«, »Glaube«, »Gott«, »Transzendenz« u. v. a. gibt es aber keine übereinstimmenden Bedeutungen. Das führt bei Gesprächen in diesem Themenbereich auf allen Seiten zu Missverständnissen ohne Ende. Eine steigende Zahl unserer Zeitgenossen bezeichnet sich selbst als »religionslos«, »glaubenslos«, »atheistisch« oder »religiös unmusikalisch«. Freilich hängen auch diese Selbstbezeichnungen inhaltlich ganz davon ab, was der, der sich von Religion, Glaube, Gott oder Religiosität absetzt, darunter versteht.

Kultivierte Verständigung und gar Dialoge leben aber davon, dass die Gesprächspartner mit ihren Begriffen das annähernd Gleiche meinen. Jede Religion definiert die genannten Begriffe aus der Logik ihres Systems. Die Religionswissenschaftler sagen uns freilich, dass es eine allgemein anerkannte Definition von Religion bis heute nicht gibt. Das ist verständlich, solange man von den Erscheinungsformen der konkreten Religionen ausgeht und Inhalte in die Definition von Religion mit einbezieht. Die folgenden Überlegungen zeigen, dass es möglich ist, sich auf ein formales Verständnis von Religion zu einigen, dessen Basis *vor* allen konkreten Religionen und somit noch *vor* allen konkreten Inhalten liegt. Die Argumentation geht nicht schon von ihrem Ergebnis als von einer These aus, sondern setzt bei den elementaren Gegebenheiten des Menschseins, der *conditio humana*, an und stößt bereits hier auf die Voraussetzungen, die den Bereich des Religiösen abstecken. Das lässt erkennen, dass auch jene Zeitgenossen in die Gegebenheit des Menschlichen einbezogen bleiben, die sich nach ihrem Verständnis oft so heftig davon absetzen.

Der Verfasser kann auch nicht voraussetzen, dass der gesamte Text in einem Zug gelesen wird. Mit Rücksicht darauf werden die entscheidenden Grundgedanken in dem Maße wiederholt, wie das für die Verständlichkeit der einzelnen Abschnitte nötig ist. Der knapp gehaltene Umfang des Buches lädt bereits zum Dialog ein.

1 Die Schwierigkeit, Religion zu definieren

1.1 Definitionen aus persönlicher Sicht

Schon das einfachste Gespräch über religiöse Fragen zeigt, dass die Begriffe »Religion«, »religiös«, »Religiosität« »spirituell«, »Glaube« in inhaltlich recht unterschiedlicher Weise gebraucht werden. Bei zehn Gesprächspartnern kann man mit zehn unterschiedlichen Verständnissen von Religion rechnen und mit der entsprechend vielfachen Zahl von Verhältnisbestimmungen zu den jeweils anderen Begriffen. Religiös Praktizierende, religiös Interessierte, religiös Gleichgültige, Atheisten, Agnostiker und erklärte Religionsgegner sind gleichermaßen mit jeweils guten Gründen davon überzeugt, das allein richtige Verständnis von Religion zu haben. Die einen, weil sie als Praktizierende von Religion aus der persönlichen Innensicht das Deutungsmonopol für sich beanspruchen, die anderen, weil sie meinen, aus einer objektiven Außenperspektive die umfassendere Einsicht in das Phänomen Religion und somit den besseren Durchblick zu haben.

1.2 Wissenschaftliche Perspektiven

Soll das Gespräch über einen Austausch der Meinungen hinausführen, sucht man Hilfe bei den Religionswissenschaften. Doch auch hier erfährt man nur, »dass es Hunderte von Definitionen von Religion gibt«(Sundermeier, 25). Das wird verständlich, sobald man sich vergegenwärtigt, wie Definitionen von Religion zustande kommen (eine Auswahl historischer Definitionen bei Schlieter). Die persönlichen Definitionen verallgemeinern lediglich die eigenen Erfahrungen mit Religion oder die übernommenen Wertungen anderer zu einer pauschalen Aussage. Die Definitionen der Religionswissenschaften sind der jeweiligen Perspektive der Disziplin verpflichtet und spiegeln die Vorgaben und die

Methoden der jeweiligen Forschungsrichtung oder des Forschungsvorhabens. Während für die meisten religiös Praktizierenden die eigene traditionelle Religion als eine offenbarte und dem Menschen vorgegebene Größe gilt, betrachten die Religionswissenschaften Religion als eine von Menschen geschaffene kulturelle Erscheinung. Sie gehen dabei von dem aus, was sie aus der Sicht ihres eigenen Forschungsbereichs vorfinden, und sie untersuchen die vorgefundenen Phänomene unter der Perspektive und nach den Regeln ihres Wissenschaftsverständnisses. Das heißt: Alle Definitionen von Religion sind selbstreferenziell. Sie sagen zwar etwas über die Sache aus, diese Aussagen bleiben aber stets innerhalb des Horizonts der Vorgaben und der Möglichkeiten des jeweiligen Forschungsinstrumentariums. Das soll an nur einigen Beispielen veranschaulicht werden.

Die **vergleichende Religionswissenschaft** versteht Religion von deren Ausdrucksformen her und erforscht diese Ausdrucksformen (rituelle Handlungen, Kultpersonal, Vorstellungskomplexe wie Mythen, Lehren, Traditionen, heilige Bücher und ethische Verhaltensweisen). Sie tut das weitgehend mit der Objektsprache und in Modellen der griechisch-römischen und christlichen Religion, das heißt unter einem europazentrierten Aspekt. Das zu vergleichende Fremde wird dabei in die Kategorien der traditionellen europäischen Religionen gepresst.

Die **Religionspsychologie** versteht Religion als ein psychisches Phänomen. Auch sie geht von vorfindbaren Erscheinungsformen aus und versucht Religion als Produkt seelischer Vorgänge zu verstehen und zu erklären, und zwar jeweils innerhalb der eigenen psychologischen Konzepte und in deren Begriffen und Denkmodellen. Sie misst und bewertet Religion am eigenen Menschenverständnis.

Die **Religionssoziologie** verortet und sieht Religion als »Teilbereich der Gesellschaft bzw. religiöses Handeln als Sonderfall von sozialem Handeln« (HrwG 1, 60). Sie hat das Ziel, »Religiöses durch Rekurs auf Soziales zu erklären« (HrwG 1, 59) und die Funktionen von Religion für die Gesellschaft zu erhellen.

Die **Neurobiologie** untersucht Praktiken und Erscheinungen, die als religiös gelten, daraufhin, wie sie mit heutigen Methoden als Hirnprozesse erfasst werden können (Meditation, epileptische Ereignisse, mystische Erlebnisse). Das Studienobjekt ist eindeutig der Mensch und seine als religiös eingestuften Hirnprozesse. Über Religion oder Transzendenz ist auf diesem Wege nichts zu ermitteln.

1.3 Religion, ein abendländisches Konstrukt

Das Wort »Religion« ist eine Schöpfung der römischen Kultur. Der römische Philosoph und Rhetor Marcus Tullius Cicero (106–43 v. Chr.) bezeichnete die Götterverehrung der altrömischen Kultur als *religio*. Er leitete dieses Wort von *relegere* (sorgfältig auswählen) ab und meinte, dass *religio* (im römischen Sinn) darin bestehe, gewissenhaft zu bedenken und zu beachten, was die Götter wollten und wie sie zu verehren seien. Im Wortschatz der Kulturen von Juden, Griechen, Slaven, Germanen und des Fernen Ostens gab es keinen entsprechenden Begriff.

Im Abendland hat sich der Begriff »religio« auch in seiner christlichen Prägung gemäß dem altrömischen Verständnis als kultische Verehrung Gottes und generell als Beziehung des Menschen zu Gott durchgesetzt. Die Religionswissenschaften sind in der westlichen Welt entstanden. Sie haben die in den Ausdrucksformen der römisch-christlichen Religion enthaltene inhaltliche Vorgabe übernommen, wonach Religion das Verhältnis des Menschen zu Gott betrifft. Dieses geschichtlich bedingte europäische Religionsverständnis wurde zur Wesensdefinition für alle Erscheinungsformen erhoben, die man weltweit dem Bereich des Religiösen zuordnete. Dieses substanzielle Religionsverständnis stößt dort an seine Grenzen, wo ein persönliches göttliches Gegenüber gar nicht existiert. So hat man übermenschliche

Wesen, Geistwesen und Dämonen in den Gottesbegriff einbezogen und sie vom monotheistischen Gottesverständnis her interpretiert. Da aber selbst vorgöttliche Aktionssubjekte nicht überall anzutreffen sind, suchte man das allen gemeinsame Gegenüber in apersonalen Konstrukten wie »das Andere«, »das Heilige«, »das Ganze«, »das Universum«, »das Umgreifende«, »das Transzendente« oder »die Transzendenz« zu vergegenständlichen. Diese substantivierten, apersonalen Abstrakta besetzten allumfassend die Stelle des Göttlichen. Sie wurden und werden in den indoeuropäischen Sprachen wie existente Wesenheiten und wie handlungsfähige Subjekte betrachtet, zu denen sich der Mensch wie zu einem Gegenüber verhalten kann und deren Wirken er auch ausgesetzt ist. Dieses auf ein außermenschliches Subjekt bezogene Grundmodell des Weltverstehens, dessen Herkunft noch zu beleuchten sein wird, wurde als das normative Paradigma religiösen Denkens festgeschrieben. Das belegen alle zeitnahen Umfragen zu religiösen Themen.

Diese Festlegung von Religion auf ein wie immer geartetes Gegenüber lässt freilich daran zweifeln, ob zum Beispiel der Buddhismus in seiner Urform überhaupt als Religion zu verstehen sei. Buddhisten sehen ihre eigene Praxis als einen Lebensweg nach der Lehre (*dharma*). Für ein wie immer geartetes handlungsfähiges Subjekt, das dem Menschen gegenübersteht und auf das er sein Leben zu beziehen hätte, gibt es im Buddhismus weder Hinweise noch Anklänge. Andererseits tut sich das europäisch geprägte Religionsverständnis schwer, die europäische Philosophie von den Griechen bis zu Hegel als eine Variante von Religion zu erkennen, obwohl in ihr das subjektivische Denkmodell, das der Religion zugeschrieben wird, voll erhalten ist und lediglich das monotheistische Gottesbild durch monistische Abstrakta wie »Idee«, »höchstes Sein«, »Erstursache«, »Logos«, »Geist« oder anderes ersetzt wird (Monismus erklärt die ganze Welt aus einem einzigen Grundprinzip).

1.4 Die Grenzen des substanziellen Religionsverständnisses

Das substanzielle europäische Religionsverständnis hat der Religionswissenschaftler Melford E. Spiro auf die Formel gebracht: »Religion ist eine Institution, die aus kulturell geformter Interaktion mit kulturell postulierten übermenschlichen Wesen besteht« (Spiro, 96). Der Religionswissenschaftler Th. Sundermeier fasst so zusammen: »Religion ist die gemeinschaftliche Antwort des Menschen auf Transzendenzerfahrung, die sich in Ritus und Ethik Gestalt gibt.« (Sundermeier, 27) Nach den Kategorien dieses substanziellen Religionsverständnisses stellt sich der geistige Paradigmenwechsel in Europa, der sich seit Jahrzehnten auch zunehmend im Allgemeinbewusstsein durchsetzt, als ein dramatischer Verlust an Religion und Religiosität dar, weil im naturwissenschaftlich geprägten Weltverständnis übermenschliche Wesenheiten als Interaktionspartner vom wissenschaftlichen Selbstverständnis her bereits im Ansatz ausgeschlossen sind. Das substanzielle Religionsverständnis, das Religion auf Interaktion mit einem nichtmenschlichen Gegenüber festlegt, setzt den Menschen zu einem historisch bedingten Konstrukt ins Verhältnis und liegt somit außerhalb des Weltverständnisses und die Lebenswirklichkeit des säkularen Zeitgenossen.

1.5 Ein Blick auf das funktionale Religionsverständnis

Die funktionale Religionsbetrachtung fragt nicht nach der inhaltlichen Substanz der Religion, sondern nach dem, was Religion im Leben des Einzelnen und in einem Gemeinwesen leistet. Der funktionale Forschungsansatz ist säkular. Er interessiert sich auch nicht für den Gehalt oder die Substanz der Religion, sondern befasst sich nur mit ihrer Funktion für Mensch und Gesellschaft. Der Religionswissenschaftler J. Milton Yinger hat Religion konsequent als kulturellen Beitrag zur Gattung menschlicher Gemeinschaft verstanden. Er definiert daher: »Religion ist ein System von Überzeugungen und Handlungen, durch welche eine Gruppe von Menschen mit [den] letzten Problemen des Lebens ringt.« (Yinger, 7) Das funktionale Religionsverständnis geht davon aus, dass Mensch und Gesellschaft grundsätzlich mit bestimmten Problemen konfrontiert sind, die es zu lösen gilt, und zwar unabhängig davon, ob jemand an einen Gott oder ein Anderes glaubt und auch abgesehen davon, von welcher Art dieses Andere ist. Damit rückt dieses Religionsverständnis näher an die Lebenswirklichkeit des Menschen heran und bekommt auch den nach traditionellem Verständnis nichtreligiösen, säkularen Menschen in den Blick.

2. Ein anthropologischer Ansatz, Religion zu verstehen

2.1 Die Zirkularität der gängigen Religionsforschung

Keine der beiden in Kapitel 1.4 und 1.5 skizzierten Betrachtungsweisen von Religion kann uns erschließen, worum es bei dem, was wir als Religion bezeichnen, eigentlich geht. Die substanzielle Betrachtung entnimmt ihren Maßstab einer in der europäischen Kultur praktizierten Ausdrucksform von Religion und bleibt dadurch in einem substantivischen Handlungsmodell des Weltverstehens gefangen. Die funktionale Betrachtungsweise reduziert Religion auf beobachtbare und messbare Funktionen und klammert bereits im wissenschaftlichen Ansatz die Frage aus, was Religion in ihrem Kern ist. Aussagen über Religion und Definitionen von Religion, die von historisch konkreten Ausdrucksformen ausgehen, können über selbstreferenzielle Zirkelschlüsse nicht hinauskommen, werden also nur artikulieren, was in ihren Voraussetzungen bereits enthalten ist. Es lohnt daher, eine Perspektive zu suchen, die *vor* den historischen Ausdrucksformen liegt.

2.2 Der anthropologische Ansatz

In der anthropologischen Forschung ist unbestritten, dass nur die Gattung Mensch religiöse Äußerungen zeigt. Kurz: Religion ist nur dem Menschen eigen. Bei keinem Tier wurden jemals religiöse Äußerungen beobachtet. Bestattungsriten, Opferhandlungen oder künstlerische Dokumente gelten in der archäologischen und vorgeschichtlichen Forschung als Anzeichen für Religion.

Wenn religiöse Äußerungen nur beim Menschen nachweisbar sind, dann muss Religion etwas mit der Lebensform zu tun haben, die nur dem Menschen eigen ist und ihn biologisch vom Tier unterscheidet. Das muss hier nicht umfassend dargestellt werden (vgl. dazu NA 1 + 2), sondern nur, sofern es für die Entstehung von Religion relevant ist. Die Fähigkeit des Menschen zu Religion ist nicht bereits mit der Abspaltung der zu Menschen führenden Linien von den Menschenaffen vor etwa 8–7 Millionen Jahren gegeben. Die ältesten Funde der Gattung Mensch (*homo rudolfensis*) stammen aus der Zeit vor etwa 2,5 Millionen Jahren. Bei der jüngsten Form dieses Frühmenschentypus, dem *homo erectus*, lassen sich anhand von Faustkeilfunden bereits vor einer Million Jahren Anzeichen für den Beginn einer Werkzeugherstellung nachweisen. Religiöse Äußerungen sind aber noch nicht festzustellen. Die beginnende Fähigkeit, einfache Werkzeuge herzustellen, hängt unter anderem zusammen mit dem Freiwerden der Hände aufgrund des aufrechten Ganges und mit der Entwicklung des Hirnvolumens von 400 cm³ beim Schimpansen auf etwa 950 cm³ beim *homo erectus*.

Der klassische Typus des Neandertalers, der vor 90 000 Jahren auftrat, ist in Europa bereits vor 27 000 Jahren ausgestorben und ist beim heutigen Europäer anatomisch nicht mehr nachweisbar. Von ihm wissen wir aber, dass er vor 60 000 Jahren seine Toten (oft in Kauerstellung) bestattete und ihnen Grabbeigaben und Proviant mitgab. Das könnten Hinweise auf den Beginn eines religiösen Verhaltens sein.

Der moderne *homo sapiens*, von dem wir alle abstammen, ist vor etwa 200 000 Jahren in Afrika entstanden. Er tauchte vor 40 000 Jahren auch in Europa auf, lebte hier einige tausend Jahre mit oder neben dem Neandertaler und setzte sich schließlich durch. Seine anatomische und biologische Ausstattung hat sich bis heute kaum verändert. Er hat ein Hirnvolumen von durchschnittlich 1400 cm³. Im Verhältnis zum Körpergewicht ist das Gehirnvolumen beim modernen *homo sapiens* dreieinhalbmal grösser als beim Schimpansen und zweieinhalbmal grösser als beim *homo erectus*.

Mit dem Wachsen des Gehirns sind nicht nur neue Hirnregionen hinzugekommen. Auch die Struktur des Großhirns hat sich verändert. Wie dem Vergleich mit dem Menschenaffen zu entnehmen ist, sind vor allem jene Bereiche gewachsen, die mit Sprache zu tun haben, die wiederum die Voraussetzung und die Basis für Bewusstsein und Denken bildet. Wenn mit der Entstehung der Gattung *homo* ein so ungewöhnliches Wachstum des Gehirns einsetzt, so muss dafür eine biologisch begründete Notwendigkeit vorliegen, denn Entwicklungen ergeben sich aus dem, was ein Lebewesen biologisch mitbringt, und dem, was die Lebensumstände ihm abverlangen. Das verweist uns darauf, die biologische Grundausstattung des Tieres und des Menschen in Hinsicht auf seine Überlebenschancen näher zu betrachten.

2.3 Die biologische Ausgangslage bei Tier und Mensch

Seit Menschen über sich selbst und ihr Verhältnis zu anderen Lebewesen nachdenken, ist ihnen ein Unterschied zum Tier besonders aufgefallen. Bereits der ionische Naturphilosoph Anaximander (um 611–545 v. Chr.) hat auf die Mängel des Menschen gegenüber dem Tier hingewiesen, vor allem auf die lange Fürsorge, die der neugeborene Mensch braucht. Sein griechischer Kollege und Mathematiker Anaxagoras (um 500–428 v. Chr.) hob gegenüber dem Tier die mangelnde Kraft und Schnelligkeit des Menschen hervor und sah diese Mängel kompensiert durch die Geschicklichkeit seiner Hände und durch seine Gedächtniskraft. Platon (427–347 v. Chr.) wies im »Protagoras« im Zusammenhang mit dem Prometheus-Mythos darauf hin, dass der Mensch im Vergleich zum Tier von Natur aus schlecht ausgestattet und nicht lebensfähig sei. Er sei deshalb gezwungen, diesen Mangel der Natur durch Technik und gesellschaftliches Handeln auszugleichen. Aristoteles (384–322 v. Chr.) hat demgegenüber vor allem hervorgehoben, der Mensch sei das »Lebewesen, das Sprache hat«. Daraus ging die Charakterisierung des Menschen als des *animal rationale* (das vernunftbegabte Tier) hervor. Im christlichen Denken ist der Vergleich mit dem Tier zugunsten der alttestamentlichen Vorstellung verloren gegangen, dass der Mensch als Ebenbild Gottes zu verstehen sei. Der Blick auf den Menschen als ein Mängelwesen ist erst wieder vom Theologen Johann Gottfried Herder (1744–1803) aufgenommen und von den Philosophen Max Scheler (1874–1928), Arnold Gehlen (1904–1976) und Helmuth Plessner (1892–1985) ausführlicher untersucht worden.

3. Die anthropologischen Gegebenheiten des Menschen

Wir können uns auf jene anthropologischen Gegebenheiten des *homo sapiens* beschränken, dessen biologische Ausstattung die heutigen Menschen haben. Der in der anthropologischen Forschung wieder aufgenommene Vergleich des Menschen mit dem Tier versteht sich nicht als Reduktion des Menschen auf seine tierische Herkunft, sondern arbeitet gerade das heraus, was ihn von seinen tierischen Vorfahren abhebt und ihm unter allen Lebewesen eine Sonderstellung gibt.

3.1 Der Mensch – ein Mängelwesen

Im morphologischen Vergleich erweist sich der Mensch gegenüber dem Tier hauptsächlich durch Mängel bestimmt. Arnold Gehlen skizziert das so: »Es fehlt das Haarkleid und damit der natürliche Witterungsschutz; es fehlen natürliche Angriffsorgane, aber auch eine zur Flucht geeignete Körperbildung; der Mensch wird von den meisten Tieren an Schärfe der Sinne übertroffen; er hat einen geradezu lebensgefährlichen Mangel an echten Instinkten, und er unterliegt während der ganzen Säuglings- und Kinderzeit einer ganz unvergleichlich langfristigen Schutzbedürftigkeit. Mit anderen Worten: Innerhalb *natürlicher*, urwüchsiger Bedingungen würde er als bodenlebend inmitten der gewandtesten Fluchttiere und der gefährlichsten Raubtiere schon längst ausgerottet sein.« (Gehlen, 33)

Besonders schwerwiegend ist der Instinktmangel des Menschen. Die Tiere sind so organisiert, dass ihr instinktives Verhalten auf die Bedingungen ihrer Umwelt genetisch abgestimmt und entsprechend vorstrukturiert ist. Für das Tier existiert als Umwelt nur das, was in seinem genetischen Code an relevanten Merkmalen enthalten ist, auf die sein Instinkt reagiert. Artspezifische Umwelt und artspezifisches Verhalten entsprechen einander. Dieses Rahmenschema wird durch ein komplementäres Prinzip ergänzt und flexibilisiert, nämlich durch Lernen. Mit der Höherentwicklung der Art steigt auch die Lernfähigkeit. Sie bleibt beim Tier allerdings im Rahmen der Instinktvorgaben und der vorhandenen Gehirnleistung. Die feststellbare Entwicklungsrichtung läuft freilich erkennbar vom Instinkt zum Lernen. Höherentwicklung bedeutet zunehmende Autonomie durch Lernen. Diese Tendenz setzt sich vom Tier zum Menschen hin fort und zwar mit einem dramatischen Sprung.

3.2   Der Mangel als Chance

Bei den höheren Säugern sind die spezialisierten Organe und die Instinkte der Tierarten an die nicht auswechselbaren Umweltbedingungen angepasst. Der neugeborene Mensch ist hingegen weder mit seinen Organen noch mit seinen Instinkten für ein bestimmtes Umweltmilieu ausgestattet. Er ist in dieser Hinsicht ein unspezialisiertes und weltoffenes Mängelwesen. Der Mangel an Instinkten zwingt die Gattung Mensch dazu, sich durch Sammeln von Erfahrung mit den Gegebenheiten seiner Welt so einzurichten, dass er darin überleben oder die ihm gegebene Welt nach seinen Lebensbedürfnissen gestalten kann. Durch Instinkte nicht gebunden zu sein, gibt dem Menschen die Freiheit zu lernen, nötigt ihn aber auch zu lernen. Die Ausstattung für das notwendige Lernen von Weltanpassung ist ihm biologisch gegeben, nämlich in Gestalt des mit dem Lernen rapide wachsenden Hirnvolumens (vgl. Schrenk, 2003). Da die Lernprozesse und deren Ergebnisse keine natürlichen Entwicklungen, sondern vom Menschen hervorgebracht sind, kann der Philosoph und Gesellschaftswissenschaftler Günter Dux sagen: »Die Freisetzung von den Zwängen und Mechanismen der instinktiven Organisationsform ist die entscheidende Prämisse, ohne die der Mensch nicht wäre, was er ist: ein unter geistig-kulturellen Formen lebendes Wesen.« (Dux 1982, 49) Diese geistig-kulturellen Lebensformen sind allesamt vom Menschen selbst hervorgebracht.

3.3 Das biologische Mängelwesen Mensch wird zum Kulturwesen

Der Schritt vom Tier zum Menschen markiert einen Sprung in der Entwicklungsgeschichte der Lebewesen. Während ich diese Passage schreibe, erreicht mich der Brief des mir bis dahin unbekannten Lesers S. mit »Skizzen und Notizen« zu seinem Leben. Er schildert darin anschaulich, was mit der trockenen Bezeichnung »Instinktgebundenheit« gemeint ist. »Aus dem abgelegten Schmetterlingsei kriecht irgendwann die Raupe. Ohne Bio-Unterricht und Ernährungskurs frisst sie dies und lässt das daneben unbeknabbert. Eines Tages – ohne einen Kalender zu führen und ohne eine erinnernde SMS zu erhalten – fängt sie an, sich einzuspinnen, bis sie in einem weißlich-graubraunen Sack drinsteckt, der keine Klappe, keinen Reißverschluss hat. Wie sie das macht, hat sei in keinem Nähkurs gelernt, sie hat auch keine Werkstoffkunde gehabt. Niemand steht dabei und warnt, wenn es schief wird oder ein Loch bleibt. Nun dauert es wieder. Die ganze Raupe war ja bis auf den Kopf und die Fußstummelchen ein ziemlich weicher Brei mit Pelle. Was sich da im Kokon abspielt, ist etwa dies: Aus einer Leberwurst mit Pelle wird eine fellüberzogene Röhre aus mehreren beweglichen Ringen mit rechts und links einem zusammengefalteten Miniregenschirm, am Kopf Fühler und am Leib sechs Beine. Es dauert, und eines Tages – ohne Kalender und SMS – schneidet das Wesen von Innen den Kokon so auf, dass sich Kopf und Beine herauszwängen können. Es gibt ein mühseliges Geschnipsel und Gedrucksel, und dann liegt neben der schlaffen Hülle dieses Wesen. Wie es da liegt, ist es für nichts zu gebrauchen, und wie es sich brauchen könnte, hat es noch nie erlebt oder bei einem anderen Wesen gesehen. Es pumpt aus seinem Leib Blutsaft in das Adersystem der beiden Minischirme, als hätten wir den Stock und die Speichen aus dünnstem Schlauch gefertigt und füllten den Schirm mit Hydro-Öl, um ihn aufzuspannen. Ventile schließen alle Zugänge, nichts fließt zurück. Die Flügel sind stabil und faltbar ausbreitbar. Kein Fluglehrer, keine Endabnahme: Der Schmetterling fliegt los und sitzt schon bald auf einer für ihn bekömmlichen Blüte und trinkt mit einem Rüssel, den die Raupe gar nie hatte. Schmetterlinge brauchen keine Schule. – Wieso aber wir? Das Menschenkind ist zu früh auf die Welt gekommen, es brauchte eigentlich eine Tragezeit in der Mutter von 12 bis 14 Monaten, nur wäre es dann zu schwer und zu dick.« Nach diesem Prinzip einer sich selbst steuernden Entwicklung und eines instinktgesteuerten Verhaltens stellt sich die Lebensweise der Tiere dar. Bei höheren Tieren sind in dieser Entwicklung alle Merkmale bereits angelegt, die der zu früh geborene Mensch einmal entfalten wird: Werkzeugkultur, Kommunikation, Sozialverhalten, Hirnstruktur und Körperbau. Mit der Gattung *homo* kommt ein neues Element ins Spiel: Die kulturelle Evolution. Friedemann Schrenk fasst die Ergebnisse der Paläoanthropologie so zusammen: »Während die Faktoren der biologischen Evolution an Bedeutung abnehmen, steigt die Zahl der Entwicklungsschritte bei der kulturellen Evolution stetig an. Vor wenigen hunderttausend Jahren beginnt sich ein Synergie-Effekt unterschiedlicher Faktoren biologischer und kultureller Evolution auszuwirken. Dadurch und durch die gleichzeitige Erhöhung der sozialen Organisation entsteht, was oft als Charakteristikum des Menschen angesehen wird: *Bewusstsein.*« (Schrenk 2003, 206f) Dem stimmt auch die Verhaltensforschung zu.

Mit dem Bewusstsein und der kulturellen Gestaltung der Welt und seiner selbst erschafft der Mensch Geschichte. Die Naturgeschichte des Menschen ist infolge seiner biologischen Ausstattung zunehmend in eine geistig-kulturelle Geschichte übergegangen und hat eine neue Qualität von Entwicklung hervorgebracht. Aus dieser Feststellung ergibt sich die Frage, wie es der Mensch anstellt, ohne stabile Instinktvorgaben für seine Umwelt zuverlässige Verhaltensformen auszubilden. Man kann auch so fragen: Wie erwirbt er Bewusstsein, nämlich Bewusstsein seiner selbst und von der Welt?

4. Wie der Mensch Welterfahrung gewinnt

4.1 Der instinktarme Mensch braucht Weltwissen

Die auf die artspezifische Umwelt abgestimmte artspezifische In-
stinktausstattung der Lebewesen bildet ein sich selbst regulie-
rendes Prinzip zwischen Umwelt und Verhalten. Dieses starre
System wird durch eine begrenzte Möglichkeit des Lernens plas-
tischer. Anthropomorph formuliert könnte man sagen, dass die
Instinkte der Lebewesen ein artspezifisches Weltwissen enthalten. Wie aber gewinnt der instinktarme Mensch sein »Wissen
von Welt«, denn auch er muss sein Verhalten nach den Gegebenheiten richten, die er von seiner Umwelt »weiß«. Vor dem Problem, wie Weltwissen zu gewinnen ist, stand die Gattung
Mensch vom Beginn an, steht aber auch bis heute jedes neugeborene Kind. Das Prinzipielle soll am Neugeborenen veranschaulicht werden.

4.2 Die biologische Basis von Welterfahrung

Wir erfahren Welt über unsere Sinne. Die fünf Sinne sind bei der
Geburt bereits funktionsfähig, wenn auch noch nicht voll leis-
tungsfähig. Den größten Teil unserer etwa 20 Milliarden Neuronen der Großhirnrinde bringen wir bereits bei unserer Geburt
mit. Auch die 10 000 Verbindungen, die jedes einzelne Neuron
mit anderen Neuronen in Kontakt bringt, liegen schon vor. Allerdings fehlt zum Zeitpunkt der Geburt bei den meisten Ver-
bindungsfasern noch die isolierende Myelinschicht, die erst die
optimale Übertragung gewährleistet. Das menschliche Gehirn
ist – nach einer Phase, in der in der Pubertät viele Verbindungen
ausgeschieden werden – erst um das 22. Lebensjahr voll ausge-
reift. Es bleibt allerdings festzuhalten: »Die Zahl der *internen*
Verbindungen des Gehirns ist 10 Millionen mal so groß, wie die

Zahl der Eingänge und Ausgänge (zu den Sinnen) zusammen. […] Nur eine von 10 Millionen geht in das Gehirn hinein oder aus ihm hinaus. Eine von 10 Millionen Fasern ist mit der Welt verbunden, die anderen verbinden das Gehirn mit sich selbst. […]Kurz: Wir sind, neurobiologisch gesprochen, vor allem mit uns selbst beschäftigt.« (Spitzer, 52 und 54) Das setzt nicht außer Kraft, dass wir über die Sinne mit der Wahrnehmung der Weltdinge verbunden sind, sagt aber zugleich, dass die Verarbeitung der Sinneseindrücke zu Vorstellungen, Bewertungen und Wissen in Prozessen unseres Hirns geschieht.

Mit unseren Sinnen erfassen wir lediglich einen Ausschnitt von Weltwirklichkeit. Das, was wir wahrnehmen, sind auch keine optischen, akustischen oder chemischen Abbilder von Welt. Unsere Sinne liefern dem Gehirn lediglich neuronal codierte Daten. Was wir als Farben oder Töne wahrnehmen, existiert so in der realen physikalischen Welt gar nicht, sondern ist die Weltwirklichkeit, die unser Gehirn in hochkomplizierten Prozessen aus den ihm elektro-chemisch zugeführten Daten der Sinne geschaffen hat. Der Hirnforscher Gerhard Roth fasst das Verhältnis von realer Welt und vorgestellter Weltwirklichkeit so zusammen: »Ein solcher direkter Vergleich ist nicht möglich, denn er verlangt die paradoxe Fähigkeit, die Welt unabhängig von unserer Wahrnehmung wahrzunehmen. Unsere Wahrnehmungswelt ist die einzige Welt, die wir wahrnehmen können; die von unserer Wahrnehmung unabhängige Welt ist nicht ›dahinter‹, sie existiert *erlebnismäßig* überhaupt nicht, auch wenn wir mit gutem Grund annehmen, dass sie irgendwie vorhanden ist.« (Roth, 73) Kurz: Das, was uns als wahrgenommene Welt bewusst wird, ist für uns die reale Welt. Eine andere haben wir nicht.

4.3 Wie der Säugling Welt erfährt

Vor dem nur angedeuteten neurologischen Hintergrund lässt sich nachvollziehen, wie ein Säugling Welt erfährt und wahrnimmt. Als erstes erfährt er Welt über Augen, Ohren, Tastsinn, Geruch und Geschmack in Gestalt der Mutter, und zwar als ein Etwas, das Hunger und Durst stillt, das warmhält, das sich ihm zuwendet, das für Wohlbefinden sorgt, das da ist, wenn es gilt, ein Bedürfnis zu befriedigen. Dieses mit allen Sinnen erfahrbare Etwas wird als ein *handelndes* Etwas erfahren. Der Säugling erfährt auch, dass er selbst etwas *bewirkt*, wenn er schreit. Auf dieser elementaren Ebene bildet sich bereits ein vorbewusstes und vorsprachliches Erfahrungswissen, das auch schon bei Tieren zu beobachten ist.

5 Die Rolle der Sprache für das Selbst- und Weltverständnis

5.1 Von der Kommunikation der Tiere zur menschlichen Sprache

Tierfreunde beteuern immer wieder, dass auch Tiere Sprache haben. Selbst Biologen, die die enge Verwandtschaft zwischen Tier und Mensch hervorheben möchten, bescheinigen vor allem den höheren Tieren Sprache und Sprachfähigkeit. Die semantische Verwirrung lässt sich leicht klären. Unser Wort »Sprache« kommt von »Sprechen«. Als unbestritten kann aber gelten: Kein Tier kann sprechen. »Was man ›Sprachen‹ der Tiere nennt, sind gerade Zeichen-Techniken, keine Sprachen.« (Trabant, 39) Das wird im Folgenden zu zeigen sein.

Unbestritten ist ferner, dass selbst niedere Tierarten artspezifische Kommunikationsmöglichkeiten haben. Geruchsstoffe und Laute wirken als Signale bei der Partnersuche selbst über große Entfernungen. Körperliche Auffälligkeiten und ritualisierte Bewegungsmuster wirken in der Nähe. Mit angeborenen ritualisierten Tänzen teilen Bienen ihren Stockgenossinnen Richtung, Entfernung und Ausbeute von Nahrungsquellen mit. Aus der Vogelwelt sind die artspezifischen Ausdruckslaute für Lebenslust, für Lockrufe, Warn- und Kontaktlaute bekannt. Bei den Säugetieren geben auch Mimik und Körperhaltungen deutliche Signale an Partner und Feinde. Affen haben Laute für die Art der Gefahr und woher sie zu erwarten ist. In aufwendigen Trainings konnte zwar gezeigt werden, dass Schimpansen in der Lage sind, mit bis zu 150 Zeichen korrekt umzugehen oder darauf zu reagieren. Sie sind aber nicht fähig, dieses bescheidene Zeicheninventar selbst zu entwickeln und an die nächste Generation zu vermitteln. Kurz: »Die tierischen Verständigungssysteme funktionieren nur innerhalb beschränkter Grenzen und sie sind nicht ausbaufähig oder erweiterbar, bilden also gleichsam ›geschlossene‹ Kommunikationssysteme« (Kuckenburg, 39). Tierische Kommunikation kann je nach Art gestisch, olfaktorisch, optisch oder akustisch sein und bleibt an die konkrete Situation gebunden.

Die Sprache des Menschen ist in erster Linie eine Lautsprache. Der Mensch ist in der Lage, mehrere hundert Phoneme zu bilden. Das sind die lautlich kleinsten bedeutungsunterscheidenden Einheiten, aus denen Sprachen aufgebaut werden können. Die einzelne Sprache nutzt aus dieser möglichen Vielfalt zwischen 15 und 80 Phoneme. Diese Vielfalt der Phonembildung setzt biologische Vorgaben voraus, die das Tier noch nicht hat. Ich erwähne nur die entsprechenden Hirnareale für Sprache, die Absenkung des Kehlkopfs für den nötigen Schallraum und die Nervenstränge für die Kontrolle der Rumpf- und Atemmuskulatur.

Die Tierlaute enthalten für die konkrete Situation nur jeweils eine einzige Information, nämlich locken, warnen, drohen, imponieren, Angst oder Wohlbefinden. Die Phoneme, die der Mensch zu bilden vermag, enthalten dagegen keinen artspezifisch festgelegten Informationsgehalt. Sie sind verfügbares Lautmaterial, dem erst die menschliche Gemeinschaft Bedeutung zuordnen muss. Indem die Gemeinschaft einem sprachlichen Laut oder einer Lautverbindung eine Bedeutung gibt, kann *einer* gegenüber einem *andern* sich über ein *Drittes* austauschen, das durch den bedeutungsgeladenen Sprachlaut vergegenwärtigt wird. Diese generelle Fähigkeit, die jedes Menschenkind mit seiner biologischen Ausstattung mitbringt, nämlich hörbare oder sichtbare Äußerungen als Symbole für Dinge oder Inhalte zu nehmen und diese darin zu vergegenwärtigen, ist die Basis für menschliche Sprache und macht den Menschen zum Menschen. Seine Symboltüchtigkeit, zusammen mit der Fähigkeit, eine große Zahl von Lauten zu bilden, ermöglicht es ihm, aus einer begrenzten Zahl von Lauten und einer begrenzten Zahl von Kombinationsregeln für diese Laute eine unbegrenzte Zahl von Aussagen hervorzubringen und in der Sprachgemeinschaft zu kommunizieren. Diese frei verfügbare Repräsentation von Bewusstseinsinhalten beliebiger Art durch Symbole bildet auch die Voraussetzung für das, was als Religion noch zu beschreiben sein wird.

5.2 Was die menschliche Sprache für das Weltverstehen leistet

Dieser Aspekt muss hier nicht in seiner ganzen Breite entfaltet, sondern nur in Bezug auf unser Thema angedeutet werden. Durch Sprachlaute wird Weltrealität auf menschliche Weise vergegenwärtigt, freilich nicht im Sinne eines Abbilds, sondern aus der Perspektive, aus der sie von der Sprachgemeinschaft mit ihrer Sprache erfasst und geordnet wird. Das heißt: Jede Sprache *erschafft* erst die Kategorien, nach denen sie das sinnlich Wahrnehmbare ordnet und zu Vorstellungen des Wahrgenommenen formt. Es gibt heute noch etwa 6000–5000 verschiedene Sprachen auf der Erde. Jede von ihnen gewinnt der Welt andere Aspekte ab, hat eine eigene Hinsicht auf Welt und eine eigene Deutung von Welt, baut also eigene Vorstellungen von Welt auf (dazu bereits Wilhelm von Humboldt). Mit den sprachlich konstituierten Vorstellungen wird nicht nur Gegenständliches situationsunabhängig gegenwärtig. Mit Sprache können sogar Sachverhalte und Wirklichkeiten erst erschaffen werden, die ihre Existenz nur in der Deutung in und durch Sprache haben, zum Beispiel Freiheit, Gerechtigkeit, das Absolute, das Jenseitige, Gutes und Böses. Durch Sprache wird nicht nur Vergangenes, sondern sogar noch nicht geschehenes Zukünftiges vorstellbar und wirklich. Auf diese Weise lassen sich Handlungsprozesse auf ein Ziel hin vorstellen, strukturieren, durchspielen und geistig vorwegnehmen, ohne dass sie ausgeführt werden müssen.

5.3 Sprache und das Bewusstsein des Menschen von sich selbst

Wenn der Mensch mit Sprache die Gegenstände seiner Umwelt als eigenständige Wirklichkeiten verstehen lernt, so kann er jetzt auch sich selbst als eine eigenständige Wesenheit neben anderen erkennen. Durch Sprache wird sich der Mensch seiner selbst bewusst. Ein Menschenkind erkennt sich mit drei bis vier Jahren als ein Ich. Zu dieser Zeit hat es bereits ein Vokabular und eine grammatikalische Sprachkompetenz, die kein Menschenaffe selbst bei intensivstem Training erreicht hat. Der Mensch, der sich seiner selbst und der vielen Gegenstände und Wesen bewusst geworden ist, beginnt sich zu fragen, in welchem Verhältnis er zu ihnen steht.

Er sieht Lebewesen sterben. Da er sich selbst als Lebewesen erkennt, wird ihm bewusst, dass auch er sterblich ist. Das lässt ihn fragen: Wo war ich denn, ehe ich geboren wurde, und wohin gehe ich, wenn ich sterbe? Der Mensch muss jetzt lernen, sich zu seiner Endlichkeit und zu seinem Tod zu verhalten.

Angesichts seiner Endlichkeit stellt sich ihm die Frage, was der Sinn und das Ziel seines Lebens ist. Da er zudem nicht für sich allein leben kann, sondern nur in und mit seinem (erweiterten) Familienverband, muss er zusammen mit den anderen klären, wie dieses Miteinander lebensdienlich zu gestalten ist.

Hier wird bereits deutlich, dass menschliche Gruppen die sozialen Bedingungen, unter denen sie überleben können, selber erst erschaffen müssen. Dazu ist der Mensch aufgrund seiner biologischen Ausstattung genötigt. Diese Notwendigkeit markiert den Übergang von der *Natur*geschichte des Menschen zur Geschichte, genauer zur *Kultur*geschichte. Es ist auch der Punkt, von dem an die Entwicklungen von Tier und Mensch eigene Wege gehen. Das Tier bleibt der biologischen Naturgeschichte verhaftet. Die Entwicklung des Menschen wird zunehmend von seiner kulturellen Geschichte geprägt. In welchem Zeitraum sich der Übergang von der biologischen zur kulturellen Evolution vollzog, muss hier nicht erörtert werden. Aber »eines ist sicher: Immer beginnt die spezifische kulturelle Entwicklung, jene alles beherrschende Nötigung, lernen zu müssen und Verhaltensformen und Wissen selbst auszubilden, auf den frühen Stufen der Ontogenese.« (Dux 1982, 67) Das wird bei der Frage nach dem Ursprung von Religion und deren Ausdrucksformen zu beachten sein.

6 Welterfahrung und Weltdeutung

Die Welt ist dem Menschen in Gestalt seiner Umwelt gegeben. Erfahrungen mit ihr werden von Tier und Mensch gleichermaßen gemacht. Die Deutung von Welterfahrung, die erst mit Sprache geleistet werden kann, ist ein Spezifikum der Gattung Mensch. Sie ist bereits das Produkt seiner kulturgeschichtlichen Entwicklung. Diese Grundstruktur kann man in Europa für die letzten 40 000 Jahre phylogenetisch und ontogenetisch als gegeben ansehen.

6.1 Erfahrenes wird zum Schema von Weltverständnis

Mit dem vorbewussten und vorsprachlichen Erfahrungswissen reagieren Tiere und Menschen zum Beispiel auf bedrohliche Ereignisse. Ein Gegenstand fliegt auf uns zu – wir weichen aus. Etwas Großes nähert sich uns – wir reagieren mit erhöhter Wachsamkeit oder fliehen. Unbekannte Dinge, die sich bewegen, lösen bei uns höchste Alarmstufen für Kampf, Flucht oder zu vorsichtiger Annäherung aus. Das Menschenkind lernt bereits in dieser vorbewussten Phase, dass von der Welt, die ihm in Gestalt der Mutter begegnet, Handlungen ausgehen. Sie stillt Hunger, gibt Wärme, schafft Wohlbefinden. Daraus bildet sich die Erfahrungsregel, dass das, was geschieht, von einem verursachenden Etwas *bewirkt* wird. Die Mutter oder die pflegende Bezugsperson repräsentiert Weltwirklichkeit. In diesem kindlichen Horizont erscheinen erfahrbare Ereignisse als Aktionen, die von einem handelnden Etwas ausgehen, und zwar als *beabsichtigte* Aktionen. Günter Dux entfaltet das so: »Das Kind bildet [...] ein Objektschema aus, in dem Objekte ein Aktionszentrum haben, wie Subjekte. Für es sind alle Subjekte so gebaut, als könnten sie handeln, dieses oder jenes tun und lassen [...] Das *Ereignis*schema wird als *Handlungs*schema aufgebaut. Fortan werden

Ereignisse so wahrgenommen, als hätten sie in der Binnenlage eines Objekts ihren Anfang und wären ein vom Willen dirigiertes, durch den Willen beeinflussbares Tun. ›Jedes bewegliche Ding‹, stellt (der Philosoph und Psychologe Jean) Piaget fest, ›wird mit Ausdrücken des Bewusstseins beschrieben, jedes Ereignis als beabsichtigte Aktion‹. Fasst man den Vorgang, in dem das Objektschema als Subjektschema, das Ereignisschema als Handlungsschema aufgebaut wird, zusammen, so lässt sich sagen: *Die primäre Art, die Welt aufzubauen, ist subjektivisch. Eben deshalb wird die Welt im subjektivischen Schema begriffen.*« (Dux 1982, 94f) Im Ergebnis heißt das: »Die kognitiven Grundstrukturen im Aufbau der Lebenswelt werden durch die anthropologische Ausgangslage bestimmt. Der Umstand, dass das dominante Objekt im Umfeld des Kindes die sorgende Bezugsperson ist, lässt das Objektschema ebenso wie das Ereignisschema als *subjektivisches Schema* entstehen. Das einmal ausgebildete Schema fungiert dann als operanter [eine bestimmte Wirkungsweise enthaltender] Mechanismus. Er holt ein, was überhaupt an Objekten und Ereignissen aufscheint. Auf eben diese Weise wird das anfängliche Schema zum universalen interpretativen Paradigma der Wirklichkeit überhaupt.« (Dux 1982, 101f) Dieses Grundverständnis von Welt baut sich in jedem Menschen auf, weil jeder mit seiner Welterfahrung bei der »kulturellen Null-Lage« beginnt.

6.2 Weltdeutung geschieht im Medium von Sprache

Das vorbewusste Erfahrungslernen beginnt mit der Geburt. Zum Ende des dritten Lebensjahres bildet sich auf der Basis von Erfahrungen im Zusammenspiel mit Sprache ein Deutungsmuster (Paradigma) von Welt. Die als Weltobjekt erfahrene dominante Bezugsperson, meist die Mutter hat sich als ein *handelndes Subjekt* (Agens) erwiesen. Das legt nahe, Ereignisse generell als Vorgänge zu verstehen, die von handlungsfähigen Subjekten (Agenzien) hervorgebracht werden, und zwar von diesem beabsichtigt und als zielgerichtet. Das Handlungsschema, das in allen Ereignissen ein Agens voraussetzt, wird zum allgültigen Deutungsmuster von Welt. »Die Handlungsstruktur ist als kategoriale Grundstruktur in den frühen Gesellschaften schlechterdings universal.« (Dux 2013, 119) Die Handlungslogik erklärt Vorgänge oder Ereignisse von ihrem Ursprung, das heißt vom jeweiligen Verursacher her. Der ist allemal ein handlungsfähiges Subjekt. Das Denkmuster der Handlungslogik ist daher immer eine *subjektivische* Logik oder *Subjektlogik*. Sie setzt – wie jede Logik – bereits Sprache voraus, und zwar auf einem Niveau, das neben Bezeichnungen für Objekte und Ereignisse auch einfache Regeln für die Bildung von Sätzen enthält.

Logik wird im Medium von Sprache vollzogen. Ihre Plausibilität ist durch die Regeln der Sprache gedeckt, und sie kann auch nur sprachlich bewusst werden. Da sich Sprache im Zusammenspiel mit elementarer Welterfahrung entwickelt hat, ist das in der Ontogenese aufgebaute, subjektivische Handlungsschema in die Sprache eingegangen und kanalisiert fortan Weltverstehen, das wir in unserer Sprache vollziehen, auf eben dieses Handlungsmuster.

Ein Blick in die Religionsgeschichte zeigt, dass das subjektivische Handlungsmuster auf unterschiedliche handelnde Subjekte angewendet werden kann. In den frühen Kulturen können selbst Gegenstände wie Steine oder Bäume und Naturerscheinungen wie Sturm und Blitz als handlungsfähige Subjekte (Agenzien), verstanden werden, die sich gleichsam selbst hervorbringen oder eine Macht enthalten, die tätig werden kann. Dieses Denken ist bis heute lebendig, man denke nur an die Verwendung von Amuletten, Maskottchen und Fetischen. In vielen Kulturen werden Gestirne, Geistwesen und Dämonen als tätige Agenzien in oder hinter Gegenständen und Ereignissen angenommen (vgl. Elsas).

Wie auch immer man sich die frühe europäische Religionsgeschichte vorzustellen hat: In der Sprach- und Satzstruktur der indoeuropäischen Sprachen ist das subjektivische Handlungsschema deutlich erkennbar festgeschrieben. In der deutschen Sprache etwa haben wir drei Wortgruppen, mit denen wir uns Welt erschließen:

- — Verben, die uns sagen, was sich ereignet.
- — Substantive, die ausdrücken, was oder von welcher Art ein dinghaftes Objekt ist.
- — Adjektive, die uns vermitteln, wie etwas beschaffen ist.

Aussagen über Welt machen wir in Sätzen. Die Grundform eines Aussagesatzes hat in allen indoeuropäischen Sprachen zwei Pole, nämlich Subjekt und Prädikat, die aufeinander bezogen sind: »Der Hund bellt.« Von dem Ereignis »bellen« können wir sagen, wer es verursacht, nämlich der Hund. Bei vielen anderen können wir es nicht, *müssen* es aber, wenn wir einen Aussagesatz bilden wollen. Wer regnet eigentlich? Wir müssen im Satz mit dem Subjekt »Es« ein unbekanntes Tätersubjekt dennoch benennen, also erschaffen, um der Satzstruktur gerecht zu werden: »*Es* regnet.« Nur der Dichter kann sich den Satz leisten: »Und Regen regnet grau dahin.« (J. Weinheber im Gedicht »Oktober») Auch »schneien« verlangt sprachlich nach einem Verursacher. Für den Erwachsenen schneit ein unbekanntes »es«, für Kinder springt »Frau Holle« ein, die ihre Federbetten aufschüttelt. Das Aktionssubjekt, das »schneien« verursacht, nimmt in Frau Holle konkrete Persongestalt an. Was ist »Wind« anderes als »wehen«, und wenn der Wind sich »legt«, wo liegt er dann? Der Subjektzwang der indoeuropäischen Sprachen nötigt unserem Weltverstehen die Struktur und die Logik des subjektivischen Handlungsschemas auf.

6.3 Sprachliche Charakteristika der Weltdeutung

Schon wenige Beispiele verdeutlichen, wie konsequent das subjektivische Handlungsschema in der Sprache, mit der wir unsere Welt zu verstehen versuchen und sie deuten, strukturell festgeschrieben ist. Für unreflektierte Benutzer der Sprache bilden zudem Wort und Sache eine Einheit. Das heißt: Die Gültigkeit, Angemessenheit und Übereinstimmung zwischen weltlicher Realität und unserer sprachlichen Ausdrucksform für diese Realität, steht nicht zur Debatte. Im subjektivischen Handlungsschema unserer Sprache ist der Zwang, Welt genetisch – also von ihrem Ursprung her – zu erklären, fest verankert. Insofern gehört der subjektivische Hintergrund zu unserer Weltwirklichkeit.

Substantive gelten im Aussagesatz als handlungsfähige Subjekte. Selbst den Substantivierungen von Adjektiven oder Verben wird Handlungsfähigkeit zugesprochen: »Die Gerechtigkeit fordert, dass ...«, »die Armut nötigt Menschen dazu, ...«, »die Freiheit ermöglicht uns, ...«, »die Gesundheit schenkt uns ...«, »der Zeitgeist bewirkt ...«, »der Mondschein verzaubert ...«, »die Sorge treibt Menschen um«. Als handlungsfähige Subjekte (Agenzien) gelten nicht nur Lebewesen, sondern auch Abstrakta, die selbst nur als sprachliche Realität existieren, ja selbst das sprachlich unbestimmte »Es«: »Es hat mich überwältigt«, »es (etwa das zum Subjekt verselbstständigte Rot der Rose) sprang mir in die Augen«. Diese Handlungslogik bestimmt nicht nur die Alltagssprache und die Poesie. In der religiösen Sprache trägt uns die göttliche Barmherzigkeit durch das Leben. Für den Philosophen Hegel ist »die Idee ein sich selbst begreifender Begriff« und nach Heidegger »west das Sein«.

Das in unserer Sprachstruktur festgeschriebene Handlungsschema enthält die subjektivische Logik. Da Subjekte mit Absicht, also willentlich und mit einem Ziel handeln, gelten im subjektivischen Handlungsschema alle Vorgänge von einem Agens als teleologisch, das heißt, auf ein Ziel hin angelegt.

Bewusstes Nachdenken über uns selbst und die Welt geschieht in der Sprache, die in der jeweiligen Sprachgemeinschaft entwickelt worden ist. Jede Sprache ist von Menschen unter deren Umweltbedingungen erschaffen worden als Versuch, sich in der Welt zurechtzufinden und sie kommunizierbar zu artikulieren. Die Sprachen bringen Welt zwar auf unterschiedliche Weise zum Ausdruck; da aber alle Menschen in ihrer Ontogenese Weltwirklichkeit in der gleichen Weise erfahren, sind in alle Sprachen (in unterschiedlichem Maße) Elemente der subjektivischen Handlungsstruktur eingegangen.

7 Voraussetzungen und Ausdrucksformen des Religiösen

7.1 Zu den Voraussetzungen des Religiösen

Die hier versuchte Annäherung an das Verständnis von Religion geht weder von den Erscheinungsformen noch von den gesellschaftlichen Funktionen bestehender Religionen aus, weil mit diesen Ansätzen über kulturell geprägte oder biografisch gefärbte Zirkeldefinitionen nicht hinauszukommen ist. Wenn im Vergleich aller Lebewesen das Phänomen des Religiösen nur beim Menschen festzustellen ist, so darf man vermuten, dass dieser Phänomenbereich in den Lebensbedingungen angelegt ist, mit denen das Wesen Mensch in die Welt tritt.

Den entscheidenden Entwicklungsschritt vom prähumanen Anthropoiden zum Menschen hat der Gesellschaftswissenschaftler Günter Dux so formuliert: »Mit dem Wegfall einer genetisch präfixierten Verhaltensorganisation ist auch eine genetisch fixierte Umwelt verloren gegangen. An ihre Stelle muss eine erst konstruktiv geschaffene Welt treten« (Dux 2013, 57). Die biologische Entwicklung zum Menschen eröffnet, ja, erzwingt kulturelle Entwicklung. Dazu stellt der Kulturanthropologe Hartmut Böhme fest: »Kulturen müssen zwei wesentliche Funktionen erfüllen: Erstens benötigen sie stabile *Techniken* zur Bewältigung des Stoffwechsels mit Natur, um ausreichend Nahrung und Schutz herzustellen; zweitens brauchen sie *symbolische Ordnungen,* um individuell wie kollektiv wirksame *sinnhafte Ordnungen* in einem offenen Welt- und Zeithorizont zu schaffen« (Böhme, 208).

Als durch den aufrechten Gang die Hände freigesetzt werden, können sich bereits im vorsprachlichen Raum durch Erfahrung lebenswichtige Kulturtechniken entwickeln. Symbolische Ordnungen hingegen bedürfen einer funktionsfähigen Lautsprache. Mit deren Entwicklung und ihrer Vernetzung mit den bereits erworbenen technischen Praktiken setzt zwischen 40 000 und 10 000 v. Chr. (Jungpaläolithikum) ein spürbarer kultureller Entwicklungsschub ein, in den auch der Bereich der Religion einbezogen ist (Bestattungspraktiken, kultische Opfer, Riten zu Jagd und Initiation, Höhlenmalerei, kultische Praktiken). Die Paläoanthropologin Ina Wunn fasst die Forschungsergebnisse in dem Satz zusammen: »Religiöses Denken und Handeln muss […] im Laufe des Jungpaläolithikums entstanden sein.« (Wunn 133; so auch Elsas, Leroi-Gourhan, Ohlig u. a.)

Der Sinnbereich des Religiösen setzt eine bereits hochentwickelte Lautsprache voraus. Als sprachlich verfasste Weltdeutung ist der religiöse Bereich ein kulturelles Konstrukt, das durch die anthropologisch bedingte Notwendigkeit zur Orientierung in der Welt angeregt und durch die jeweilige Sprachgemeinschaft hervorgebracht wird. Den Moment, in dem der Mensch sich seiner selbst als eines eigenständigen Wesens bewusst wird und sich zu den anderen Lebewesen, Dingen und Erscheinungen ins Verhältnis setzten muss, könnte man als die Geburtsstunde des Religiösen bezeichnen. Denn mit dem Bewusstwerden seiner selbst stellen sich den Menschen die bereits genannten Fragen, denen sich fortan niemand entziehen kann. Die Geburtsstunde des Religiösen ereignet sich in jeder Ontogenese, sofern die sprachlichen Voraussetzungen gegeben sind. In der Menschheitsgeschichte lässt sich ein Datum dafür nicht nennen, sondern lediglich aus schwer deutbaren Zeugnissen des mittleren Paläolithikums (ca. 100 000–40 000 v. Chr.) erschließen.

7.2 Die Sinnfrage als ein Transzendieren

Wo der Mensch sich seiner selbst bewusst wird und sich zu anderem ins Verhältnis setzt, tritt er aus sich heraus, transzendiert er sich. Sich seiner selbst bewusst zu werden, bedeutet, sich seiner Endlichkeit bewusst zu werden. Mit den damit aufbrechenden Fragen nach dem Woher, Wohin, Wozu und Wofür des menschlichen Lebens, steht der Mensch für sich selbst und für seine Gruppe vor der Frage nach dem Sinn seiner Existenz. Die Sinnfrage (die kein Tier zu stellen vermag, weil sie Wortsprache voraussetzt) und was sich daraus ergibt, umschreibt den Horizont des Religiösen. Darin transzendiert der Mensch, und zwar als Einzelner wie als Gattung, seine biologische Natur auf eine von ihm erst zu erschaffende Kultur hin, in der das Religiöse stets eingebunden ist.

7.3 Vom Transzendieren zur Transzendenz

Transzendieren ereignet sich sprachlich darin, dass sich ein Mensch mit einem anderen mittels sprachlicher Symbole über ein Drittes verständigt. Bereits mit seinen Fragen, aber erst recht mit den Antworten auf die Sinnfrage transzendiert der Mensch das faktisch Erfahrbare hin auf eine von ihm selbst erschaffene Weltdeutung zu einem Sinnentwurf, der seinem Leben Richtung gibt. Das kann sich alles rein innerweltlich abspielen. Wir haben keine Kenntnis darüber, wann und in welchen frühen Kulturen die unsichtbaren Tätersubjekte, die in jeder subjektivischen Sprache enthalten sind, in einer eigenen Welt hinter dieser erfahrbaren Welt angesiedelt wurden.

In der europäischen Kultur- und Geistesgeschichte wurde die Vorstellung einer Transzendenz, die unserer erfahrbaren Welt als eigenständig existierende Größe gegenüber steht, durch Platon eingebracht. Diese Transzendenzvorstellung wurde über die Visionen Plotins (205–270 n. Chr.) und der Neuplatoniker mit antiken Gottesvorstellungen und schließlich mit einem monotheistischen Gott verwoben. Versteht man die Transzendenz als einen Seinsbereich, der der menschlichen Erfahrung entzogen bleibt, so ändert sich nichts an der Erkenntnis, dass mit der Vorstellung einer Transzendenz wohl deren sprachliche Existenz geschaffen, aber noch nicht deren Realität gesetzt ist. Die menschliche Vorstellung eines transzendenten Bereichs bleibt als menschliche Vorstellung immer noch eine immanente Vorstellung. Mehr haben wir nicht. Die theologische Sprachfigur, nach der sich das Transzendente in Gestalt des Heiligen, des Anderen, des Göttlichen oder Gottes selbst kundgibt, ist ein zirkulärer Deutungsakt, der bereits von dem ausgeht, was sich doch erst kundgeben soll. Man muss nicht Kant kennen, um zu wissen, dass vorgestellte Taler eben keine realen Taler sind. Als Kulturwesen hat der Mensch die Fähigkeit, in vielfacher Weise sich selbst zu transzendieren. Stets bleibt die Frage, von woher und woraufhin Transzendieren stattfindet. Kein Akt des Transzendierens ist allerdings in der Lage, eine Transzendenz als Realität zu erschaffen. Versteht man Transzendieren als das Überschreiten des menschlichen Erfahrungshorizonts, so führt das nicht aus unserer menschlichen Welt in eine jenseitige oder überweltliche Realität, sondern nur in eine von Menschen errichtete Sprachwirklichkeit. Wie immer man Transzendenz verstehen will: Der Mensch sucht zu jenen Mächten, von denen er sich abhängig weiss, auf vielfältige Weise Kontakt.

7.4 Die kultisch-rituelle Ausdrucksform

Im subjektivischen Weltverständnis sieht sich der Mensch vielen Ereignissen gegenüber, deren Verursacher er nicht kennt. Zu diesen Verursachern sucht er den Kontakt über kultische Handlungen (Rituale). Magische Kulthandlungen als technische Praktiken sollen auf jene Agenzien einwirken, deren Tun sich der Mensch ausgesetzt sieht. Opferhandlungen vielfältiger Art, Rituale der Anbetung und der Bitte in Tänzen, Gesten und Worten sollen den wirkenden Mächten Ehrerbietung signalisieren und sie zu einem Handeln veranlassen, das den menschlichen Hoffnungen und Wünschen entspricht.

Die kultischen Rituale schaffen eine Art Einklang mit dem, was in der Natur und im menschlichen Leben geschieht. Sie geben den kultisch Handelnden das Bewusstsein, am Lauf der

Dinge mit beteiligt zu sein und zum guten Verlauf das ihm Mögliche beigetragen zu haben. Das Erleben der gemeinsam ausgeführten kultischen Rituale aktualisiert und stärkt die Gemeinschaft und hält das Bewusstsein wach, dass alle für das Schicksal der Gemeinschaft mit verantwortlich sind.

Zur Dimension der kultischen Rituale gehören auch der jeweilige Jahresfestkreis, dessen Feste und Bräuche, die Fastenzeiten und die Askese- und Bußübungen Einzelner und der Gemeinschaft, ferner Weihhandlungen aller Art, Fluch- und Segensrituale.

Im Zusammenhang mit dem Kult bilden sich unterschiedliche Formen eines Priestertums heraus. Als Kultspezialisten haben sie die Funktion, die kultische Tradition zu bewahren, und als bevollmächtigte Mittler zu den »Mächten« die kultischen Handlungen in der richtigen Weise zu vollziehen. In größeren Gemeinschaften bilden sich gestufte Hierarchien mit unterschiedlichen Aufgaben und Vollmachten heraus.

Basis der meisten kultischen Rituale sind magische Praktiken. Diese beruhen auf der Vorstellung, dass der Mensch, indem er bestimmte Handlungsabläufe ausführt, gleichsam mechanisch Kräfte auslöst und diese zu bestimmten Zwecken und Zielen in Bewegung setzt. So soll das Verschütten von Wasser den Regen herbeibringen und das Vergraben von Wasser den Regen stoppen. Pantomimische Jagdszenen sollen das Jagdglück sichern. Ein Magier vermag durch seine Praktiken Krankheit und Unglück herbeizuführen, aber auch zu vertreiben und fernzuhalten. In der Magie bestätigt sich der Mensch seine Macht, durch eigenes Handeln auf andere oder anderes zu seinem Nutzen oder zum Schaden von Feinden einzuwirken. Der Kult bedient sich gestischer Symbole, also aller nur möglichen Ausdrucksformen des Körpers und auch der Masken, der Körperbemalungen und Bekleidungen.

Der polnische Religionswissenschaftler und Feldforscher Bronislaw Malinowski sieht in der Magie »eine bestimmte geistige und praktische Methode, die dazu dient, gefährliche Situationen in jeder wichtigen Beschäftigung und kritischen Lage zu überwinden« (Malinowski, 73f). Er betont, dass Magie als Mittel zu einem Zweck vor und außerhalb von Religion anzutreffen ist. In historischer Sicht versteht Hartmut Böhme die Magie als die »operative Seite des Animismus« (Böhme, 217). Dennoch ist nicht zu übersehen, dass die Denkmuster der Magie in kultische Riten auch der anthropomorphen Gottheiten integriert wurden, ja selbst in Ritualen der christlichen Kirchen bis heute fortleben und praktiziert werden. Riten in magischer Ebene bilden eine Brücke zwischen dieser Welt und einer wie immer gedachten Transzendenz.

7.5   Die mythische Ausdrucksform

Neben dem Ritus ist der Mythos eine elementare Ausdrucksform des Religiösen. Der Mythos erzählt vom Ursprung dessen, was ist. Er erfüllt genau das, was das subjektivische Handlungsmodell fordert. Er sagt nämlich, wem wir das verdanken, was wir vorfinden und er nennt oft auch das Ziel, welches das Aktionssubjekt damit verbunden hat. Damit soll nicht die platte Neugier des Menschen befriedigt werden. Indem vom Woher, vom Ursprung und vom Grund dessen erzählt wird, was ist, wird das Gegebene beglaubigt und gedeutet. Das Bestehende wird auf eine urzeitliche Setzung zurückgeführt und damit in ein umfassendes Sinngefüge eingebunden. Die Fundamente des Gegenwärtigen werden in einer mythischen Urzeit verankert und sind auf ein Ziel (gr. *telos*) hin, also teleologisch angelegt.

Jede Kultgemeinschaft ist stets zugleich eine Erzählgemeinschaft. Oft werden Mythen aus verbalen in gestische Symbole transformiert und entsprechend getanzt oder sonstwie dargestellt. Das Ensemble der Mythen von der Schöpfung der Welt, des Menschen, der Riten, die Mythen vom Ursprung von Schuld und Sünde und von der Möglichkeit von Vergebung und Neuanfang bilden die Identität einer Kultgemeinschaft. In der Kultpraxis werden die Mythen vergegenwärtigt, und darin vergewissert sich die Gemeinschaft ihrer Identität. Reißt die Erzähltradition ab, so werden Riten zu sinnlosen Aktionen und die Kultgemeinschaft zerfällt. In polytheistischen Religionen nehmen die handelnden Agenzien der Urzeit Menschengestalt an und werden zu Göttern.

7.6 Die moralisch-ethische Ausdrucksform

Moral und Ethik werden in der Allgemeinsprache weithin sinngleich verwendet, müssen in unserem Zusammenhang aber doch deutlich unterschieden werden. **Moral** umfasst die in einer Gruppe geltenden idealtypischen Verhaltensweisen und das aus diesem Grundkonsens hervorgehende richtige Tun in der konkreten Situation. Das ist auch mit »moralisch« oder »sittlich« gemeint. Die moralische Gesinnung eines Menschen kann man auch als sein »Ethos« bezeichnen. **Ethik** bezeichnet hingegen eine philosophische Disziplin, die auf Aristoteles zurückgeht. Philosophische Ethik »sucht [...], von der Idee eines sinnvollen menschlichen Lebens geleitet, auf methodischem Weg und ohne letzte Berufung auf politische und religiöse Autoritäten oder auf das von alters her Gewohnte und Bewährte allgemeingültige Aussagen über das gute und gerechte Handeln« (Höffe 2001, 59). Nach dem Selbstverständnis der philosophischen Ethik lässt sich aus dem darin entwickelten Guten das idealtypische Verhalten herleiten. Das setzt freilich die Fähigkeit des Menschen voraus, sein Handeln frei und selbst zu bestimmen.

Konkrete Religionen haben es von Beginn an mit den Fragen nach dem rechten Verhalten zu tun. Insofern setzen sie mit ihren Wertvorstellungen auch moralische Verhaltensnormen. Die Richtung dieser moralischen Normen ist oft in den jeweiligen Mythen von der Erschaffung des Menschen bereits vorgezeichnet. So wird nach der älteren Schöpfungsgeschichte (Gen 2) der

Mensch von Gott aus dem Staub des Erdbodens geschaffen und in den Garten Eden gesetzt, »damit er ihn bebaue und bewahre«. In der jüngeren Schöpfungsgeschichte (Gen 1) wird er nach dem Bilde Gottes geschaffen, und zwar mit dem Auftrag, im Sinne seiner Gottebenbildlichkeit über die Lebewesen dieser Erde zu herrschen (Gen 1,28). Was das im Einzelnen heißt, ist aus der Vorgabe des Schöpfungsziels vom Menschen in seiner Situation jeweils erst zu finden. In den Schöpfungsmythen werden Grundhaltung und Ziel menschlichen Verhaltens benannt, nicht aber die Details festgelegt. Es bleibt zu betonen, dass Religion weder mit Ethik gleichzusetzen ist noch in ethischen Regeln aufgeht noch als eine Funktion von Ethik verstanden werden darf. Die Klärung des menschlichen Handels, das dem Selbstverständnis des Menschen entspricht, gehört zu den ständigen Aufgaben, und zwar in dem Maße, in dem sich Umfeld und Bedingungen für menschliches Handeln ändern.

In den polytheistischen und monotheistischen Religionen gibt es für die kultischen und sozialen Handlungsfelder umfangreiche Kodizes von göttlichen Geboten und Verboten. Beispiele: der Kodex des babylonischen Königs Hammurabi (1728–1686 v. Chr.); der Dekalog, den Mose auf dem Sinai empfing (Ex 20,2–17 und Dtn 5,6–21); Jesu Doppelgebot der Liebe (Mt 22,36–40). Im Islam gehören zu den Grundprinzipien rechten Tuns die Suren 2:177; 25:63–65; 33:35 sowie Hadith und Scharia.

Verhaltensregeln können ausgebaut oder auch zurückgenommmen werden. In Israel verlagerte sich der Schwerpunkt der Gebote durch die großen Propheten vom kultisch-rituellen Bereich auf die Fragen der sozialen Gerechtigkeit. In der nachfolgenden jüdischen Religion werden im rabbinischen Zeitalter (70 n. Chr. bis 7. Jahrhundert) die Verhaltensregeln für alle Bereiche des Lebens in einer feindlichen Umwelt geordnet und schriftlich niedergelegt. Da im Judentum mit dem Verlust des Tempels (70 n. Chr.) auch keine kultischen Opferhandlungen mehr stattfinden, entfallen fortan alle entsprechenden Verhaltensregeln.

Innerhalb einer geschlossenen religiösen Gemeinschaft werden die von der Religion vorgegebenen Verhaltensregeln eingefordert und sozial überwacht. Verstöße werden als Gefährdung der Gemeinschaft gedeutet und mit Sanktionen belegt. Handlungen gegen verinnerlichte Normen bestrafen sich selbst durch Schuldgefühle. In hierarchisch gegliederten religiösen Gemeinschaften gelten unterschiedliche Verhaltensnormen (indisches Kastenwesen, Laien und geweihte Kleriker im römischen Katholizismus).

Ein Blick auf das Freund-Feind-Verhältnis mag verdeutlichen, wie unterschiedlich selbst in den monotheistischen Religionen die Grundhaltungen angelegt sein können. Das Lied des Lamech an seine zwei Frauen dokumentiert noch die alte Grundhaltung der maßlosen Blutrache: »Einen Mann erschlage ich für meine Wunde, einen Knaben für meine Strieme. Siebenfach wird Kain gerächt, Lamech aber siebenundsiebzigfach.« (Gen 4,23f) Dieses maßlose Gesetz der Vergeltung wird bereits im Kodex Hammurabi und im Alten Testament durch das *ius talionis* begrenzt: »Ein Auge für ein Auge; ein Zahn für einen Zahn.« (Lev 24,20) Dem aufrechnenden Vergeltungsdenken stellt Jesus eine andere Grundhaltung entgegen: »Ihr habt gehört, dass gesagt wurde: Auge um Auge, Zahn um Zahn. Ich aber sage euch: Leistet dem, der Böses tut, keinen Widerstand.« (Mt 5,38f) Die Beispiele zeigen, dass sich im menschlichen Verhalten das Selbstverständnis der Gruppe oder des Einzelnen ausdrückt.

7.7 Die intellektuelle Ausdrucksform

Der Inhalt der frühen Religionen drückt sich in den Ritualen, den Mythen und dem Verhalten der jeweiligen religiösen Gemeinschaft aus. Das Bedürfnis, den Inhalt der religiösen Äußerungen systematisch zusammenzufassen und zu reflektieren, besteht in den frühen Kulturen nicht. Der Versuch, sich eine kultische Einheit systematisch denkend zu vergegenwärtigen, taucht in der europäischen Kultur erstmalig in der altgriechischen Philosophie auf. Die vorplatonischen Philosophen kritisieren das anthropomorphe Gottesverständnis und damit auch die Mythen und die kultischen Rituale.

Platon bezeichnet die Mythendichter Hesiod und Homer erstmals als »Theologen« und Aristoteles versteht die Frage nach der universalen Ursache als eine »ontologische Theologie«. Das Judentum kennt wohl eine Art »Theologie von Lehrern« (LdR, 646), aber keine Theologie als kognitives Gesamtsystem jüdischen Denkens. Auch im Christentum bildet sich ein kognitives Gesamtkonzept aus der Innensicht christlichen Glaubens erst im Mittelalter heraus und entwickelt sich nur im Westen zu perfekten Gedankensystemen unterschiedlicher Art. Im Islam schrumpfen die Ansätze zu einem Gesamtsystem ab dem 14. Jahrhundert darauf zusammen, das monotheistische Gottesverständnis apologetisch abzusichern.

7.8   Die konfessorische Ausdrucksform

Wo es keine theologischen Glaubenssätze gibt, da gibt es nichts zu bekennen. Zu den frühen und einfachsten religiösen Gemeinschaften gehört man, wenn man in einer Erzählgemeinschaft lebt und an deren kultischen Ritualen teilnimmt. Bekenntnisse fehlen grundsätzlich dort, wo es nicht notwendig ist, sich gegenüber einer fremden religiösen Umwelt abzugrenzen. Das gilt für alle Volks- oder Sippenreligionen bis hin zu ihren polytheistischen Formen. Die Götter der eigenen Religion und die der anderen Völker stellen sich als Götter der jeweiligen Völker gegenseitig nicht infrage.

Die in Kanaan eingewanderten Stämme Israels verehrten im Gegensatz zu den umliegenden Völkern mit ihren vielen Göttern nur den einen Gott Jahwe, von dem sie für ihre Gemeinschaft Schutz und Heil erwarteten. Jahwe war ein Gott wie die Götter der anderen Völker auch, aber exklusiv der eine Gott Israels

(Henotheismus). Erst als dieser israelitische Henotheismus sich im babylonischen Exil zum Monotheismus mit dem Absolutheitsanspruch des einzigen und universalen Gottes und Schöpfers der Welt entwickelte, wurde ein Bekenntnis nötig, das alle anderen Götter ausschloss: »Ich bin der Erste und ich bin der Letzte und es gibt keinen Gott außer mir.« (Jes 44,6, ein nachexilischer Text) Etwa neun Jahrhunderte später wird in der Sure 112 des Korans das Einheitsbekenntnis des Islam (*shahāda*) formuliert: »Er ist der eine Gott, der ewige Gott; er zeugt nicht und wird nicht gezeugt, und keiner ist ihm gleich.«

Für die ersten christlichen Gemeinden im jüdischen Umfeld war die Vorstellung des einzigen Gottes so unbestritten und selbstverständlich, dass es keines Bekenntnisses bedurfte. Die unbefragbare Vorgabe, dass ein Gott im Sinne eines Schöpfers, ersten Bewegers und allmächtigen Handlungssubjekts existiert, hat für das Judentum und das darin gegründete Christentum axiomatischen Charakter. Ein Axiom ist eine Voraussetzung, die in sich evident und unmittelbar einleuchtend ist, und eines Beweises weder fähig noch bedürftig ist. Die Bekenntnisse der frühen Christen bezogen sich daher nicht auf Gott, der ja gar nicht in Frage stand, sondern auf Jesus. Sie drückten die Gewissheit aus, dass Gott in Jesus am Werke war und sich in dessen Wirken und Worten kundgab. Dies sah man darin bestätigt, dass er ihn von den Toten auferweckt hat. Schon die Bezeichnung »Sohn« für die Person Jesu oder der Satz: »Du bist der Christus« (Mk 8,29) hatten Bekenntnischarakter. Zu ausführlicheren Bekenntnisformulierungen kam es erst im 4. Jahrhundert auf Drängen der Kaiser.

7.9 Die mystische Ausdrucksform

Mystik lässt sich pauschal als eine erfahrbare Verbindung des Menschen mit dem Unendlichen oder Göttlichen beschreiben, obwohl sich der Vorgang selbst jedem sprachlichen Ausdruck entzieht. Mystische Erlebnisse und Praktiken (*unio mystica*) gehören zu allen religiösen Kulturen. Sie sind zwar gelegentlich vom jeweiligen religiösen Hintergrund gefärbt, liegen aber jenseits von Sprache und Bilderwelt von Religionen, in denen sie auftreten. Mystische Erlebnisse, die durch Askese, Atem-Techniken, Tänze, Trance-Techniken und Drogen angestrebt werden, sind individuell aber auch in Gruppen möglich. Sie werden im Schamanismus, in dionysischen, ekstatischen und orgiastischen Kulten ebenso praktiziert wie im hinduistischen und buddhistischen Yoga, im alten chinesischen Orakelwesen, im japanischen Zen, in der jüdischen Kabbala, in gnostischen und neuplatonischen Kreisen, im islamischen Sufismus und in den christlichen Gemeinden. Das Zungenreden (Glossolalie), von dem Paulus schon in 1Kor 14 berichtet und das in Pfingstgemeinden und in charismatischen Gruppen bis heute zum Kultus gehört, ist eine Erscheinungsform von Mystik. In den antiken Kulturen geht die Initiative zur *unio mystica* weniger vom Menschen aus; hier wird sie eher passiv als ein überraschender Einbruch des Unendlichen oder Göttlichen in den Menschen erlebt und auf unterschiedlichste Weise gedeutet.

7.10 Profile religiöser Kulturen

Die skizzierten Ausdrucksformen des Religiösen sind nicht alle in jeder historischen Religion anzutreffen, aber in jeder Mischung möglich. In frühen Naturreligionen und einfachen Kulten spielen magisch verstandene **kultische Rituale** eine zentrale Rolle. Magische Rituale gelten auf Ebenen primären Denkens als wirksame Strategien der Weltbewältigung. Magisches Denken schreibt bestimmten Personen, Handlungen und Gegenständen geheimnisvolle Kräfte zu, die in der Lage sind, auf Vorgänge, Bereiche und Dinge einzuwirken, auf die wir normalerweise weder Zugriff noch Einfluss haben. Magisches Denken ist auf allen Ebenen der Kultur, und zwar im religiösen und im säkularen Bereich in vielen Gestalten anzutreffen und auch im christlichen Kult im Brauchtum lebendig.

Mystische Erscheinungen sind in allen Religionstypen als Einzel- und Gruppenphänomene möglich. Sie können integrierend und identitätsbildend wirken, aber auch als Randerscheinungen abgetan werden, weil sie die historische Religionsform zu sprengen drohen.

Aus dem Selbst- und Weltverständnis ergeben sich in allen Religionen Regeln für das soziale **Verhalten**. In den monotheistischen Religionen stehen Gebote, Verbote und Gesetze stärker im Mittelpunkt. In Israel verlagern die großen Propheten den Schwerpunkt vom kultisch-rituellen auf die soziale Gerechtigkeit. Im Islam wird durch den Koran und – perfektioniert durch die Scharia und weitere Auslegungen – das sakrale und das soziale Verhalten ohne Trennung bis in die Einzelheiten festgelegt. Die präskriptiven Gesetze gelten im Judentum und im Islam als von Gott gegeben, daher als verpflichtend und als der Weg zum Heil. Jesus zentriert die Gesetze der jüdischen Religion auf das Doppelgebot der Liebe (Mt 22,28–40). So schafft er besonders gegenüber den kultischen Ritualgesetzen eine große Freiheit. In den Traditionslinien des Christentums hat sich ein unterschiedliches Verständnis für die Verbindlichkeit religiöser Gesetze herausgebildet. Paulus hat Jesu Haltung gegenüber religiösen Gesetzen vor dem Hintergrund des Doppelgebots der Liebe im Entscheidungsfall so formuliert: »Zur Freiheit hat uns Christus befreit! Steht also fest und lasst euch nicht wieder in das Joch der Knechtschaft einspannen.« (Gal 5,1)

Nun bleibt zu beachten, dass Jesus und die erste Jüngergeneration mit den jüdischen Zeitgenossen in der Erwartung lebten, dass das Ende dieser Welt unmittelbar bevorstehe. Das neue Gottesreich kündigt sich in der Grundhaltung der Liebe an, die in Jesu Verhalten und in seinen Worten bereits aufscheint. Angesichts des nahen Weltendes geht es um die Grundhaltung für das konkrete Verhalten im unmittelbaren sozialen Umfeld. Als die

Naherwartung des Weltendes sich als ein Irrtum herausstellte, das soziale Miteinander in vielen Bereichen zu gestalten war und die christliche Religion im 4. Jahrhundert sogar Staatsreligion wurde, entlieh man moralische Regeln, die mit dem Doppelgebot der Liebe zu vereinbaren waren, aus der Philosophie der Stoiker und Kyniker. Erst als die Schriften des Aristoteles im 11. und 12. Jahrhunderts in der westlichen Welt bekannt wurden, hat Thomas von Aquin (1225–1274) die philosophische Ethik in die christliche Theologie integriert, indem er Gott als das schlechthin Gute (*summum bonum*) interpretierte und so mit dem aristotelischen Guten gleichsetzte.

Die **kognitive Reflexion** des Religiösen und seiner Ausdrucksform ist weder in den Natur- noch in den Nationalreligionen vorhanden und nur im Christentum als prägendes Element zu finden.

Konfessorische Elemente mit Ausschlusscharakter prägen erst die monotheistischen Religionen und zwar dort, wo für die eigene Religionsform universalistische oder zeitlose Wahrheitsansprüche erhoben werden. Naturreligionen, Naturkulte und nationale Religionen erheben keine einander ausschließenden Wahrheitsansprüche.

Die Transzendenz, die man als konstitutiv für jede Religion voraussetzt, kann freilich sehr unterschiedlich lokalisiert und definiert sein. Im westlichen Denken dominiert das aus der griechischen Philosophie stammende Konzept. Danach umfasst die Transzendenz jenen Bereich, der jenseits einer von Menschen erfahrbaren Wirklichkeit liegt und völlig unabhängig vom menschlichen Bewusstsein existiert. In den monotheistischen Religionen ist auch Gott in diesem Sinn transzendent. Die polytheistischen Götter sind noch Teil unserer Wirklichkeit. Sie wohnen auf dem Olymp oder auf Bergen, in Hainen, Gewässern und Tempeln, sind aber auch dort menschlichem Zugriff und menschlicher Verfügbarkeit entzogen. Dieses dem Menschen Unverfügbare kann in einfachen Religionen der Dämon, der Geist, das unbekannte Etwas sein, das in oder hinter dem aktiv ist, was dem Menschen in der Natur und im eigenen Leben begegnet und widerfährt. Auf allen diesen Ebenen ist der Mensch bestrebt, mit dem für ihn jeweils Transzendenten Kontakt aufzunehmen und sich dem Unbekannten zu nähern, sei es durch Rituale, durch ekstatische Aktionen oder durch kognitive Schlüsse. Das unverfügbare Andere muss also weder jenseitig noch von göttlicher Art noch monistisch gedacht sein; es kann auch als diesseitig verstanden werden. Den Begriff der Transzendenz können alle Spielarten von Monotheismus, Monismus, Deismus (siehe S. 69), Pantheismus, Panentheismus, Rationalismus, philosophischer Idealismus, Naturalismus und Evolutionismus auch für sich reklamieren und entsprechend definieren. In gleicher Weise vieldeutig und nur verständlich vor dem Hintergrund des Weltverständnisses, in dem sie gebraucht werden, sind die Begriffe wie »das Umgreifende«, »das ganz Andere«, »das Unverfügbare«, »das Ganze«, »das Absolute«, »das Eine«, »das Höchste«, »der Urgrund«, »die Totalität«.

Schließlich bleibt noch festzuhalten, dass sich innerhalb der Geschichte einer Religion die Schwerpunkte zwischen den jeweiligen Ausdrucksformen des Religiösen verschieben können. So gibt es im Judentum seit der Zerstörung des Tempels keine kultischen Opferhandlungen mehr. Damit entfallen auch alle entsprechenden Gebote und Verhaltensregeln. In der westlichen Christenheit haben die reformierten Kirchen die in Jahrhunderten in der römischen Kirche entwickelten magischen Rituale weithin ausgeschieden. Andererseits leben ehemals magische Praktiken in symbolischer Interpretation weiter, werden aber im Volksglauben weiterhin »magisch« verstanden.

8 Der kulturelle Umbruch als Paradigmenwechsel

Bisher war von Religion und von religiösen Erscheinungsformen, wo nötig, auch in universeller Sicht die Rede. Mit dem Thema »Kulturwandel« beschränken wir uns auf die religiöse Situation im abendländischen Kulturraum.

8.1 Die Ausgangslage

In der Welt, aus der sich in historischer Zeit die europäische Kultur entwickelte, existierten allenthalben polytheistische Kulte. Die Götter, die man sich menschengestaltig vorstellte, gehörten zu dieser Welt. Sie waren ortsgebunden, und ihre übermenschliche Macht war auf den Bereich ihrer Verehrer beschränkt.

8.1.1. Der Monotheismus des Judentums
In diesem durchweg polytheistischen Umfeld tauchte bei den jüdischen Exilanten im babylonischen Exil in der Mitte des ersten vorchristlichen Jahrtausends die Vorstellung von dem einen und einzigen Gott aller Völker auf. Dieser eine Gott wurde nicht mehr als eine innerweltliche, sondern als eine jenseitige Größe verstanden, nämlich als der allmächtige Schöpfer dieser Welt und als ihr bleibendes persönliches Gegenüber. Die monotheistische Gottesvorstellung ist Basis der jüdischen Religion. Das Judentum blieb in der antiken Welt ein Fremdkörper und der Monotheismus blieb als Eigenart des jüdischen Volkes über Jahrhunderte in der jüdischen Kultur und Religion eingeschlossen, und zwar auch dort, wo Juden inmitten anderer Kulturen ihren Glauben lebten.

8.1.2 Der Monotheismus erreicht die hellenistische Welt
Das monotheistische Gottesverständnis wurde erst mit der Botschaft Jesu und mit der christlichen Theologie in der hellenisti-

schen Welt verbreitet. Der Gott der Christen ist nicht mehr der Gott einer Sippe, eines Stammes oder eines Volkes, er wohnt auch nicht mehr innerhalb des Kosmos oder gar an einen bestimmten Ort darin. Er ist ein persönliches Gegenüber zu Menschen jedweden Volkes, jedweder Sprache, jedweder Herkunft und jedweden Stammes und Berufs. Er ist jenseits von allem, was Welt ist, und er ist doch zugleich zu allen Zeiten und an allen Orten und für jeden Menschen gegenwärtig und nah.

Die Religionen der hellenistischen Welt waren polytheistisch, auch dort, wo sie sich auf nur einen Gott (unter vielen) bezogen. Die Religion der Gebildeten war philosophisch geprägt. Die Anfänge der griechischen Philosophie fallen in den gleichen Zeitraum wie die Entdeckung des monotheistischen Gottesbildes in Israel, nämlich in das 6. Jahrhundert v. Chr.

8.1.3 Das Weltverständnis der vorsokratischen Philosophie

Philosophie umschreibt weniger einen Fachbereich als eine Tätigkeit. Philosophieren vollzieht sich als radikales Fragen und Infragestellen. Es richtet sich auf das, was sich fraglos und selbstverständlich gibt. Somit richtet sich das Philosophieren auch auf die selbstverständliche Art des eigenen Fragens und Denkens. Es ist entschlossen, sich an nichts zu binden, was der Radikalität des Fragens nicht standhalten kann. Das Medium dieses kritischen Fragens ist die menschliche Vernunft. Von Thales von Milet an (um 625–545 v. Chr.) fragten die griechischen Naturphilosophen in diesem kritischen Sinn nach dem Urstoff. Dabei mussten sie bald mit den Selbstverständlichkeiten der religiösen Mythen zusammenstoßen. Xenophanes (ca. 570–477 v. Chr.) verspottet in seinen Gedichten die anthropomorphen Gottesvorstellungen und die Fragwürdigkeiten der griechischen Göttermythen und versteht im Gegensatz zum überlieferten Volksglauben das Göttliche als das, was mit nichts Weltlichem vergleichbar ist, nämlich als »das Eine« (gr. *to hen*). Dieses Eine, das auch Gott genannt werden kann, ist Ursprung und Urgrund von allem Wirklichen. Heraklit von Ephesos (um 550–480 v. Chr.) versucht als Erster, mit dem vieldeutigen Begriff »Logos« (Wort, Begriff, Denken, Erklärung, Begründung) den verständlichen Sinn der Welt im Ganzen zum Ausdruck zu bringen. Bei Parmenides (um 540–470 v. Chr.), einem Zeitgenossen Heraklits, erkennt der Philosoph Herbert Schnädelbach (Schnädelbach 2007, 22) sogar den Versuch, »die Natur im Medium des Logos aus sich selbst zu erklären«.

Die vorsokratischen Philosophen fragen von den vorgefundenen Wirklichkeiten her nach deren Ursprung. Das entspricht völlig dem subjektivischen Denkmuster, in dessen Logik alles, was ist und geschieht, auf ein handlungsfähiges Agens zurückgeführt wird. Der menschenartig vorgestellte Gott oder die Götter werden durch ein abstraktes Tätersubjekt ersetzt: bei Heraklit und der Stoa durch den »Logos«, bei Anaxagoras (500–428 v. Chr.) durch den »Geist« (gr. *noûs*).

8.1.4 Der Monismus der nachsokratischen Philosophie

Platon (427–347) erschafft die Lehre von den Ideen, die er als die Urbilder der Realität versteht. Alles Körperliche existiert danach nur als Teilhabe oder Nachahmen der eigentlich seienden Welt der Ideen. Dieser gedankliche Entwurf sollte die gesamte Geistesgeschichte des Abendlandes beschäftigen und prägen. Die Kenntnis von den Ideen hat der Mensch nach Platon nicht aus seiner Anschauung der Dinge, in denen sich die Ideen realisieren. Die menschliche Seele hat die Ideen vielmehr in ihrer vorgeburtlichen Existenz »geschaut«, und sie werden von ihr in der körperlichen Seinsweise des Menschen nur »wiedererinnert« und so erkannt. Zu dieser Erkenntnis gehört auch, dass der Wurzelgrund aller Ideen »das Gute« ist, das selbst kein Seiendes ist, hinter das sich noch zurückfragen ließe. Platon hat Gott zwar nicht direkt mit der Idee des Guten identifiziert, betont aber, dass Gott als gut verstanden werden muss. So spricht er dem Göttlichen gemäß seinem Verständnis des Guten auch dessen Vollkommenheit zu. Dazu gehört auch, dass Gott sich – wie die Ideen – immer gleich ist, und zwar auch darin, dass er nicht geworden ist.

Im Gegensatz zu Platon geht sein Schüler **Aristoteles** in seinem Denken nicht von den höchsten Ideen, sondern von den realen Gegenständen aus. Deren Wesen gründet nach Aristoteles nicht in den transzendenten Ideen von ihnen, sondern verwirklicht sich in ihren Erscheinungen und der in ihnen angelegten Stufenfolge der Zwecke, die sie als Ziel zu immer höheren Zwecken in sich haben (Entelechie). In dieser Stufenschichtung der Welt ist das Höchste die Gottheit als die reine Form. Gott ist unpersönlich gedacht, reiner Geist und der erste unbewegte Beweger des Stoffes. Er greift nicht in das Weltgeschehen ein und ist auch von der Welt aus nicht zu beeinflussen. In Gestalt der Vernunft haben wir Menschen Anteil am Göttlichen. Das elementare subjektivische Handlungsmodell ist bei Platon mit den »Ideen« und bei Aristoteles mit dem »unbewegten Beweger« eingelöst.

Die Philosophenschule der **Stoa,** die vom 3. Jahrhundert v. Chr. bis ins 2. Jahrhundert n. Chr. das Sinnangebot der hellenistischen Welt nachhaltig prägte, nahm Heraklits Logos-Begriff auf und interpretierte ihn im Sinn einer alles umfassenden Weltvernunft. Daraus »ergibt sich der Gedanke einer teleologisch vollkommen durchgeordneten Welt, in der der Zusammenhang von allem eine universelle Ordnung darstellt, die von einer einzigen göttlichen Kraft geplant und schrittweise ins Werk gesetzt wird« (APh, 57).

Die abstrakte Weltvernunft wird in der Stoa mit dem Göttlichen oder mit einem unpersönlichen Gott gleichgesetzt. Der göttliche Logos kann sogar mit der Welt identifiziert werden, da er als Weltvernunft die gesamte Welt durchdringt und so in allen ihren Teilen gegenwärtig ist. Das Logos-Modell ist in das Johannes-Evangelium eingegangen.

Seit Sokrates (um 470–399 v. Chr.) gehört zur griechischen Philosophie neben den Fragen nach dem Ganzen auch das Nachdenken des Menschen über sich selbst und über seine Stellung im Ganzen der Welt und in seinen sozialen Vernetzungen. Nach Aristoteles ist Glückseligkeit (gr. *eudaimonía*) das höchste Gut und der Endzweck allen Handelns. In der späten Stoa (Seneca, ein Zeitgenosse Jesu, Epiktet, 50–138 n. Chr., und Kaiser Marc Aurel, 121–180 n. Chr.) treten die Fragen der Lebensbewältigung und des Verhaltens sogar stark in den Mittelpunkt. Die Philosophie beschäftigt sich mit den gleichen elementaren Fragen, auf die der Mensch stößt, sobald er sich seiner selbst bewusst wird. Das sind die gleichen Fragen, die auch von Beginn an in den religiösen Gemeinschaften verhandelt und beantwortet werden.

Über die elementaren religiösen Fragen hinaus fragt die griechische Philosophie seit Sokrates nach den menschlichen Möglichkeiten des Erkennens. Während in den Religionen die unterschiedlichen Offenbarungen der Gottheiten die Autorität und den Maßstab für die Antworten bilden, ist für die Philosophie die menschliche Vernunft, verstanden als Teilhabe an der Weltvernunft, der gültige Maßstab und die letzte Autorität.

Eine weitere philosophische Strömung, die zur Zeit des frühen Christentums ein attraktives Sinnangebot für Gebildete enthält, ist der **Neuplatonismus**. In ihm verbinden sich platonische, aristotelische und stoische Elemente. Der Gründer Plotin (um 204–270 n. Chr.) erweitert die platonische Ideenlehre durch ein transzendentes Prinzip, nämlich »das schlechthin Eine« (gr. *to pántōs hen*), das jenseits von allem steht, was wir Welt nennen. Dieses »Überseiende« ist selbst kein Seiendes, aber »alles Seiende geht aus der überströmenden Fülle eines höchsten Ursprungs hervor: die Ideen aus dem Einen-Guten und die Einzeldinge aus den Ideen« (Höffe 2001, 68). Plotin setzt das Ur-Eine mit Gott oder dem Göttlichen gleich. Aus der Überfülle dieser höchsten Hypostase (Seins-Schicht) gehen als eine Art Spiegelung des Einen der Geist (gr. *noûs*) als die zweite und die Seele (gr. *psyché*) als dritte Hypostase hervor. Die Seele begibt sich in die Körperwelt und vergisst dabei ihre göttliche Herkunft. Sie behält aber die Möglichkeit, nach dem Abstieg in das Gefängnis des Körpers durch eine mehrstufige Reinigung wieder zu dem Einen aufzusteigen. Diese Rückkehr zu dem Einen vollendet sich nach Läuterung und Erleuchtung in der Ekstase, einer mystischen Entrückung, bei der sich die Individualität im Sinne einer Eins-werdung (gr. *henōsis*) im Urgrund des Einen-Guten auflöst. So erweist sich Plotins metaphysisches System im Kern als ein Heilsangebot. Der Philosoph Karl Albert stellt in seinen Plato-nismus-Studien zu Recht fest: »Die Philosophie Plotins muss als eine philosophische Religion verstanden werden.« (Albert, 53) Sie wurde zu ihrer Zeit auch als religiöses Sinnangebot verstan-den, und sie wurde auf vielfache Weise in das christliche Denken integriert.

In das Christentum sind auch Plotins Impulse zum Rückzug in die eigene Innerlichkeit eingeflossen. Die metaphysische Hy-postasenlehre Plotins lieferte das Denkmodell, in dem später die christliche Trinitätslehre entwickelt wurde. In Plotins Meta-physik verkörpert die Materie als die unterste Seins-Schicht das Böse, weil sie als Gegenpol zum Einen-Guten nichts mehr von diesem enthält. Der Gedanke des Bösen als Mangel an Sein und Abwesenheit oder Verneinung des Einen-Guten wird von Augus-tinus übernommen, von Thomas von Aquin als *privatio boni* (Mangel an Gutem) in das christliche Denken integriert und klingt noch in den originellen Ausführungen Karl Barths zum »Nichtigen« nach, das allein davon lebt, dass es »ist, was Gott *nicht* will« (Barth, KD III, 3,406).

Es bleibt festzuhalten: Sowohl das monistische Konzept der griechischen Philosophie wie auch das monotheistische System des Christentums bauen sich streng im Paradigma des subjektivi-schen Handlungsmodells auf. Als Ausdrucksform für einen Ge-halt wird das Paradigma unbemerkt zum Inhalt des Gedachten und bestätigt sich in dieser Überzeugung mit jeder Denkoperation selbst.

Bereits die Apologeten des 2. und 3. Jahrhunderts setzen den platonischen Begriff des Wahren, Guten und Einen und den stoischen Logos mit dem biblischen Gott gleich und erklären die christliche Lehre zur wahren Philosophie und deren höchste Stufe. Augustinus stellt in seiner Schrift »Über die wahre Religion« (389/90) in gleicher Weise fest, dass Philosophie und Religion nicht voneinander verschieden seien. Auch die aus dem griechischen Denken hergeleiteten Gottesbeweise setzen das subjektivische Weltverständnis voraus.

8.1.5 Die Ausformung eines einheitlichen Weltverständnisses in Europa

Die geistige Entwicklung und Ausformung des Christentums hat in den ersten Jahrhunderten vor allem im Osten des Reiches im griechischen Sprachraum stattgefunden. Hier formierte sich auch im Rahmen der byzantinischen Reichskirche der Typus der orthodoxen Kirche. Mit dem Zusammenbruch des Weströmischen Reiches unter dem Ansturm der Germanen und der zunehmenden Rivalität Roms gegenüber den Patriarchen von Konstantinopel, Alexandrien, Antiochien und Jerusalem lockerte sich die gemeinsame Entwicklung. Spätestens mit dem letzten ökumenischen Konzil 787 in Nicäa hatte die Ostkirche ihr eigenständiges Profil. Die gegenseitige Exkommunikation der lateinischen und griechischen Kirche besiegelte 1054 nur den definitiven Bruch zwischen beiden. Die Ostkirche gab ihre Tradition an die Süd- und Ostslawen weiter.

Die lateinische Westkirche entwickelte sich auf der Basis der neuplatonisch gefärbten Theologie des Augustinus (354– 430) in den romanischen und germanischen Raum. Hier vollzog sich insofern ein für mittelalterliches Denken einschneidender Wandel, als durch die islamischen Gelehrten Avicenna (980–1037) und Averroes (1126–1198) viele im Westen nicht bekannte Schriften des Aristoteles in die Diskussion kamen. Gegenläufig zu Platon dachte Aristoteles nicht vom Einen-Guten her, sondern von den Einzeldingen der Welt her auf das Eine hin. Thomas von Aquin (1225–1274) integrierte die aristotelische Philosophie in sein theologisches Gesamtsystem. Er ging von der Überzeugung aus, dass Glaube und Vernunft gleichermaßen von Gott stammten und sich daher weder widersprechen noch zu verschiedenen Wahrheiten gelangen könnten. So verstand er Philosophie und Theologie als Disziplinen, die sich auf den gleichen Gegenstand beziehen und einander ergänzten. Die Theologie kommt von Gott und dessen Offenbarungen her. Die Philosophie geht (nach Aristoteles) von den geschaffenen Dingen aus und kann kraft vernünftigen Argumentierens ebenfalls zur Erkenntnis Gottes gelangen, da sie immer schon auf dieses Erkenntnisziel ausgerichtet ist.

Von der Erfahrungsbasis aus kann Thomas von Aquin die menschliche Vernunft daher auch fünf Gottesbeweise führen. Sie beruhen alle auf der Vernunfteinsicht, dass ein Rückfragen ins Unendliche (*regressus in infinitum*) nicht möglich ist.

1. Jede Bewegung verlangt einen Beweger. Da die Reihe der Beweger nicht ins Unendliche fortzusetzen ist, muss es einen ersten Beweger geben. Das ist Gott.

2. Jede Wirkung hat eine Ursache. Da die Reihe der Ursachen nicht ins Unendliche laufen kann, muss es eine erste, selbst nicht verursachte Wirkursache geben (Gott als die *causa efficiens*).

3. Die Dinge existieren nicht aus sich, sondern aus einem anderen. In der Reihe dieser anderen muss es etwas geben, das durch sich notwendig ist: Gott.

4. Es gibt Dinge, die mehr oder weniger gut, edel, vollkommen, wahr sind. Wenn es aber unterschiedlich Gutes, Edles, Vollkommenes, Wahres gibt, so muss es auch etwas geben, in dem das alles in Vollkommenheit verwirklicht ist. Hier schimmert noch der platonische Hintergrund durch.

5. Alle Dinge, auch die, die kein eigenständiges Denken haben, sind auf einen Zweck und ein Ziel hin eingerichtet. Also muss es auch einen absoluten Geist geben, der die Naturdinge auf ein Ziel hin ordnet und lenkt und Zwecke setzt.

Alle diese Gottesbeweise stehen mit ihrer Rückfrage nach der ersten Ursache unter dem strengen Diktat des subjektivischen Handlungsmodells. Sie beweisen in ihren Zirkelschlüssen nur das, was sie in ihrem subjektivischen Sprachparadigma bereits voraussetzen. Die thomistische Lehre hat sich in der westlichen Kirche durchgesetzt. Sie wurde durch die Enzyklika »Aeterni patris« von 1879 für die römisch-katholische Kirche sogar verbindlich und damit als offenbarte göttliche Wahrheit abgesichert. Die thomistische Harmonie von Philosophie und Theologie, bei der das Offenbarungswissen der Theologie dennoch übergeordnet blieb, hat die protestantische Theologie nicht übernommen. Auch in der römisch-katholischen Kirche wurde die unbestreitbare Gestaltung des thomistischen Lehrsystems besonders nach dem Zweiten Vatikanischen Konzils infrage gestellt. Dennoch bleibt festzustellen, dass in Europa im Bewusstsein bis ins 19. Jahrhundert konfessionsübergreifend ein einheitliches monotheistisches Paradigma des Weltverständnisses nach dem subjektivischen Handlungsmuster als selbstverständlich galt. Dieses einheitliche Welt- und Selbstverständnis hat sich in Mitteleuropa innerhalb weniger Generationen weithin aufgelöst.

8.2 Den Europäern geht Gott verloren

8.2.1 Erste Anzeichen

Das traditionelle Paradigma, die Welt zu verstehen, bezieht sich nicht nur auf die Gottesfrage. Es prägt über unsere Sprache, in deren Struktur wir die Welt und uns selbst darin interpretieren, generell unser Denken und unsere Sicht auf Dinge und Vorgänge. Das neue Paradigma wurde weder als Hebel gegen die Religion noch als Gegenentwurf zum subjektivischen Handlungsmodell erfunden, denn dessen Struktur wird ja erst aus der Sicht eines alternativen Paradigmas erkennbar. Die pure Notwendigkeit, auch bei zunehmender Bevölkerungszahl alle durchzubringen, drängte dazu, danach zu fragen, nach welchen Gesetzmäßigkeiten das Naturgeschehen funktioniert. Wenn man z. B. im Ackerbau wusste, unter welchen Bedingungen Ereignisse eintreten (z. B. Getreide guten Ertrag bringt), konnte man mit entsprechenden Maßnahmen Schaden verhindern und den Ertrag steigern (Technik des Ackerns, Düngen, günstige Fruchtfolge u. a. m.).

Mit dieser Art der Naturbetrachtung, nämlich das Naturgeschehen auf seine Bedingungen und Gesetzmäßigkeiten hin zu befragen, um die gewonnenen Erkenntnisse zu nutzen, ist es bereits dem Philosophen und Mathematiker Thales von Milet (gest. 545 v. Chr.) gelungen, die Sonnenfinsternis von 585 v. Chr. vorauszuberechnen. Auch im christianisierten Europa hat man da und dort die Gesetzmäßigkeiten der Natur zu erkennen versucht. Dies blieb aber alles in das übergeordnete Modell eingebunden, wonach alle Naturgesetze von Gott gesetzt sind. Das galt auch noch für Isaac Newton (1642–1726), der davon überzeugt war, dass der erste Anstoß zur Bewegung der Himmelskörper von Gott ausgegangen sein musste. Viele Naturwissenschaftler, auch nach Newton, glaubten fest, dass sie mit ihrer Forschung dazu beitrügen, die Gedanken Gottes mit seiner Schöpfung zu entschlüsseln.

8.2.2 Die Aufklärung

Erst seit dem 18. Jahrhundert wurde im Zuge der Aufklärung die Naturwissenschaft von einigen ihrer Vertreter als Gegeninstanz zur Religion verstanden. Es setzte ein Konkurrenzkampf um das Erkenntnismonopol ein. Auch die Philosophie, die seit der Scholastik als Magd der Theologie von dieser einverleibt war, begann sich als eigenständige Disziplin zu verstehen und löste sich von der Theologie. Viele philosophisch und naturwissenschaftlich Gebildete suchten nach einer Brücke zum traditionellen Gottesverständnis.

Naturwissenschaftlern bot sich der Gedanke an, Gott habe Welt und Natur erschaffen und ihnen die Gesetze eingeschrieben, nach denen sie sich fortan entwickelten. Der Schöpfer habe sich aber aus der Schöpfung zurückgezogen und könne auch nicht mehr in den Lauf der Dinge eingreifen. Diese Position, die den Atheismus zu vermeiden sucht, nennt man Deismus oder auch Naturalismus. Daneben gibt es eine Reihe anderer Brückenkonstrukte: den Pantheismus (Gott und die Welt sind identisch); den Panentheismus (alles ist in Gott); den Theopanismus (Gott ist das All); den Pankosmismus (alles ist Gott). Friedrich D. E. Schleiermacher (1768–1834), dessen Gottesverständnis pantheistische Züge hat, erkennt im Pantheismus »die heimliche Religion der Deutschen«. Und Arthur Schopenhauer (1788–1860), der die Welt als blinden, ziel- und rastlosen Drang interpretiert, bezeichnet die Brückenkonstrukte ungeschönt als »höflichen Atheismus«.

8.2.3 Der Atheismus

Der Atheismus ist keine Erscheinung der Neuzeit. Bereits der griechische Philosoph Epikur (um 342–271 v. Chr.) hatte erklärt, Götter seien Erfindungen der Menschen, geboren aus deren Angst. Der Philosoph Ludwig Feuerbach (1804–1872) kam in der Auseinandersetzung mit seinem Lehrer Georg W. F. Hegel zu dem Schluss, jegliche Gottesvorstellung sei eine Projektion des menschlichen Wesens auf einen eingebildeten Gegenstand. Karl Marx(1818–1883), der 1841 mit einer Dissertation über Epikur promoviert wurde, übernahm den Feuerbach'schen Gedanken unbesehen und ergänzte ihn mit der Behauptung, dass der Mensch den Gottesgedanken als sein Opium nur ausbilde, wenn er seine volle Menschlichkeit in seiner Alltagsexistenz nicht entfalten könne. Dieses Gottes- und Religionsverständnis ist in die sozialistische Arbeiterbewegung des 19. Jahrhunderts eingegangen und ist darin erstmals zum organisierten Atheismus geworden. Der Kampf gegen Religion und die Gottesvorstellung gehörte im ideologischen Konzept der Sozialisten zum Kampf gegen die unwürdigen Lebensbedingungen, denen Religion und Gottesglaube ihre Existenz verdankten. 1881 wurde der »Deutsche Freidenkerbund« gegründet, der bis heute noch viele Nachfolgeorganisationen hat. Der organisierte Atheismus nimmt mit seiner strikten Abgrenzung gegenüber Religion und Kirche selbst religionsähnliche und absolute Züge an.

Der Atheismus entwickelte sich auch neben der Philosophie aus dem Bereich der Naturwissenschaften. Der Zoologe Ernst Haeckel (1834–1919) formulierte in seinem Buch »Die Welträtsel« von 1899 das Bekenntnis der atheistischen Naturwissenschaftler, das er selbst ein »Glaubensbekenntnis der reinen Vernunft« nennt (Haeckel, 511). Er ist überzeugt, »dass die reine Wahrheit nur in dem Tempel der Naturerkenntnis zu finden ist« (Haeckel, 428) und wirbt dafür, »die christliche Weltanschauung durch die monistische Philosophie zu ersetzen« (Haeckel, 429). Er gründete 1906 den Monistenbund als religionsähnliche Gemeinschaft mit »monistischen Sonntagsreden«, der als szientistische Religion auf naturwissenschaftlicher Grundlage das Christentum ablösen sollte. Anhänger fand er vor allem in der klassenkämpferischen Arbeiterschaft und bei Volksschullehrern. Im Geiste Ernst Haeckels schrieb der Evolutionsbiologe Richard Dawkins sein Buch »Der Gotteswahn« (2006, dt. 2008), auf dessen Titelseite bereits das Bekenntnis steht: »Ich bin ein Gegner der Religion.« In der deutschen Ausgabe wird nicht versäumt, werbend auf neun »Adressen atheistischer Organisatoren im deutschen Sprachraum« hinzuweisen.

Es gibt selbst in der Religion das Phänomen des Atheismus, und zwar im Sinn einer bewussten Verneinung von persönlichen Göttern, z. B. im Konfuzianismus. Ebenso kommt im System des Theraveda-Buddhismus ein Schöpfer- und Lenkergott nicht vor. Im Totemismus darf das Totem, meist eine Tiergattung, zu dem die Clan-Gemeinschaft in einer mystischen Verbindung steht, nicht nach westlichem Verständnis als Gott, sondern nur als eine überlegene Macht gedacht werden. In Religionsformen, in denen sich die Menschen von unpersönlichen Mächten (Dynamismus) oder von Geisterwesen (Animismus) umgeben sehen, ist Atheismus gar nicht in Sicht, weil es in deren Denken die Kategorie des Theismus nicht gibt.

Bei Zeitgenossen, die keinerlei religiöse Sozialisation erfahren haben, ist ein weiterer Typus von Atheismus festzustellen. Gott ist hier nichts, was abzulehnen oder zu bekämpfen wäre: Etwas wie Gott, kommt im Weltverständnis gar nicht vor, Gott ist eine nicht gewusste Leerstelle. Von den Ohne-Gott-Atheisten sind die Agnostiker (gr. *agnoía*, Unwissenheit) zu unterscheiden, die sich auf den griechischen Philosophen Protagoras (485–415 v. Chr.) berufen können. Zu den Göttern befragt, soll er gesagt haben: »Von den Göttern weiß ich nichts, weder, ob es welche gibt, noch auch, ob es keine gibt«. Agnostiker, die erkenntniskritisch begründen können, dass wir über Götter nichts wissen können, sind nur selten anzutreffen. Die meisten Zeitgenossen, die sich selbst als Agnostiker bezeichnen, signalisieren mit diesem Wort nur: Mit diesem Thema befasse ich mich nicht, die Sache interessiert mich nicht. Das schließt nicht aus, dass sich im Sprachgebrauch auch derer, die mit Gott gar nichts zu tun haben wollen, noch eine Reihe von Gottesformeln finden, wie z. B. »Gott sei Dank« oder »um Gottes willen«. Ein militanter Atheist konnte seine Rede gegen die Religion mit dem Satz beginnen: »Wenn es einen Gott geben sollte, was Gott verhüten möge ...« Bertold Brecht hat in seinen »Geschichten von Herrn Keuner« die Relevanz der Frage nach Gott punktgenau zum Ausdruck gebracht. »Einer fragte Herrn K., ob es einen Gott gäbe. Herr K. sagte: ›Ich rate dir, nachzudenken, ob dein Verhalten je nach der Antwort auf diese Frage sich ändern würde. Würde es sich nicht ändern, dann können wir die Frage fallenlassen‹« (Brecht, 104).

8.2.4 Die Philosophie der Aufklärung

Der Blick auf die Entwicklung zeigt, dass die Europäer den viele Jahrhunderte lang tragenden Leitgedanken »Gott« keineswegs aktiv abgestoßen haben. Die nur langsam gewachsene Einsicht, dass menschliches Erkennen wesentlich von unseren Sinneswahrnehmungen und deren Verarbeitung im Gehirn und von unserer Sprache abhängt, hat die Selbstverständlichkeit unseres Redens von Gott und unser Argumentieren von ihm her als dem letztgültigen Aktionssubjekt infrage gestellt. Mit den Empiristen (John Locke, John Berkley, David Hume) begann sich im 17. Jahrhundert die Einsicht durchzusetzen, dass die Erfahrungen über unsere Sinne für unser Erkennen von grundlegender Bedeutung sind. Immanuel Kant (1726–1804) hat die Frage: »Was kann ich wissen?«, zum Kernthema seiner Erkenntnistheorie gemacht. Im Anschluss an David Hume geht er davon aus, dass sich Realerkenntnisse nur auf Dinge beziehen können, die wir wahrnehmen. Aber weder Gott selbst noch die ihm beigefügten Eigenschaften sind in unserer Anschauung gegeben. Da wir selbst mit unserer Vernunft den Bedingungen der Welt verhaftet sind, lassen sich auch mit den besten Vernunftgründen keine Erkenntnisse über Gott gewinnen. Immanuel Kant bestreitet dabei nicht, dass Gott das Ziel des Denkens sein kann, aber er schließt aus, dass sich mit logischen Gründen Gott ein Dasein zusprechen oder absprechen lässt. Kurz: Es ist weder beweisbar, dass er existiert noch, dass er nicht existiert.

Die in der Aufklärung gewonnenen Erkenntnisse der Philosophie haben sich zunächst nur in gebildeten Kreisen herumgesprochen. Die Aufklärer haben sich bis auf wenige Ausnahmen (z. B. Paul Th. von Holbach, 1723–1789) weder gegen den religiösen Gottesglauben gerichtet noch haben sie das subjektivische Handlungsmodell infrage gestellt. Das Allgemeinbewusstsein wurde in dieser Zeit von alledem freilich noch kaum berührt.

8.2.5 Der Einfluss der Naturwissenschaft

Die Philosophie lehnte zwar die Existenz eines persönlichen Gottes ab, die entscheidenden Impulse für ein neues Paradigma des Weltverstehens gingen allerdings nicht von ihr, sondern von den Versuchen aus, die Gesetze der Natur zu verstehen, um ihre Kräfte besser nutzen zu können. Schon der englische Philosoph und Naturforscher Roger Bacon (um 1214–1294) forderte, die Naturforschung von der Theologie und deren Autoritäten zu lösen. Er erklärte die empirische Forschung, das Experiment und die Mathematik zu den Hauptsäulen der wissenschaftlichen Naturforschung. Damit begann im Abendland das naturwissenschaftliche Denken. Es bildete die Basis für viele technische Erfindungen.

Im kalten Norden waren die Wasseruhren für Zeitmessungen unbrauchbar, weil das Wasser einfror. Um 1300 wurden Uhren gebaut, die mit der Gravitationskraft von Gewichten ein Räderwerk antrieben, das die Zeit maß. Im 14. Jahrhundert gab es die ersten Turmuhren, die über ein Räderwerk mit Zeigern die Zeit anzeigten. 1510 baute Peter Henlein die erste Taschenuhr. Über Indien kam das Spinnrad zu uns, wurde verbessert und wurde bereits um 1764 zur vollautomatischen Spinnmaschine ausgebaut, die über ein Räderwerk mit Wind- oder Wasserkraft angetrieben werden konnte. Ebenfalls ab dem 13. Jahrhundert kam man mit dem Schleifen von Glaslinsen hinter die Gesetze der Lichtbrechung. Daraus entwickelte man Mikroskope, die uns die Welt im Kleinsten erschließen. Mit Teleskopen konnte der Sternenhimmel genauer beobachtet werden. Nikolaus Kopernikus (1473–1543) konnte jetzt mit Datenmaterial seine Beobachtung begründen, dass das geozentrische Weltbild nicht stimmte, dass sich vielmehr unsere Erde und die Gestirne um die Sonne drehten. Dabei wurde bewusst, dass die Bewegungen der Gestirne nicht von Gott gelenkt werden, sondern festen beobachtbaren Gesetzen folgen. 1687 veröffentlichte der englische Naturforscher Isaac Newton die im Makrobereich noch heute anerkannten Bewegungsgesetze. Wenn aber die Gesetze der Himmelsmechanik gelten, so wird Gott als der Lenker des himmlischen Geschehens entbehrlich.

Seit dem 18. Jahrhundert erschließen sich dem forschenden Geist auf vielen Gebieten die im Naturgeschehen geltenden Gesetze. Gregor Mendel entdeckt 1860 die Gesetze der Vererbung bei Pflanzen. Um 1900 finden englische Forscher, dass die Mendel'schen Vererbungsgesetze auch für Tiere und damit generell gelten. Der Mensch gewinnt die Fähigkeit, bei Pflanzen und Tieren Eigenschaften gezielt und nach Maß zu züchten. Chemiker fassen um 1870 die chemischen Elemente in einem periodischen System zusammen. Sie ergründen die Gesetze, nach denen sie sich verbinden und lernen so, Stoffe mit gewünschten Eigenschaften herzustellen. Der französische Chemiker Louis Pasteur (1822–1895) propagiert 1875 die Hypothese, dass ansteckende Krankheiten durch Kleinlebewesen (Mikroorganismen) verursacht undübertragen werden. Damit legt er das Fundament für die moderne Medizin. Ein Jahr später gelingt es Robert Koch als Erstem, Bakterien in Reinkultur zu züchten. Jetzt kann die Antibiotika-Forschung hochwirksame Medikamente entwickeln. Die wenigen Beispiele mögen den sich vollziehenden Paradigmenwechsel im Weltverständnis und im Selbstverständnis des Menschen veranschaulichen.

Im Zuge des Erforschens von Naturgesetzen erfährt sich der Mensch als einer, der in der Lage ist, die Welt nach eigenen Zielen zu gestalten. Und alle, die durch Technik, Medizin und Annehmlichkeiten in allen Bereichen in den Genuss der naturwissenschaftlichen Forschung kommen, erfahren darin, dass wir die Gestaltung unseres Lebens unserer menschlichen Fähigkeit verdanken. Wo früher Gott um Hilfe angerufen wurde, da wendet man sich jetzt vertrauensvoll an den Spezialisten für das anstehende Problem. Der Gemüsebauer bittet nicht Gott um gutes Wetter, sondern er baut Pflanzhallen und schafft darin die günstigsten Wachstumsbedingungen für seine Pflanzen. Er nutzt die Gesetze der Zucht und des Pflanzenwachstums für den best-möglichen Ertrag. Infektionskrankheiten, an denen Menschen früher trotz aller Gebete um Genesung gestorbensind, können heute durch von Menschen hergestellte Medikamente geheilt werden. Selbst der Gläubigste vertraut sein Haus nicht mehr allein dem Schutz des Sankt Florian an, sondern lässt sich einen Blitzableiter setzen. Was ehemals als Gottes Aktion erwartet wurde, wird heute der Einsicht in das Funktionieren der er-forschten Naturgesetze anvertraut. Fromme Christen wie Atheis-ten versichern sich gleichermaßen gegen die Risiken des Lebens, und beide drücken damit aus, dass sie sich bei den Formeln der Versicherungsmathematik besser aufgehoben wissen als bei einer überirdischen Kraft. Das Geschehen in unserer Welt wird zuneh-mend als ein ganzheitliches Prinzip verstanden, in dem jedes Ereig-nis in die ihm eigenen Gesetze eingebunden ist. Dieses Welt-verständnis ist keine bewusste Entscheidung gegen einen Gott oder gegen die Religion. Aber in diesem funktionalen Weltver-ständnis kommt Gott als der Urheber und Lenker von Ereignis-sen nicht mehr vor. Die funktionale Deutung von Welt und die täglichen Erfahrungen mit ihr hat das subjektivische Handlungs-modell auf lautlose Weise abgelöst. Der katholische Theologe Norbert Scholl beschreibt die Situation so: »Gott scheint verlo-ren gegangen zu sein. Irgendwie ist er abhanden gekommen, ohne dass es jemand richtig bemerkt hat. Man spürt nichts mehr von ihm. Kaum jemand regt sich ernsthaft auf über sein Ver-schwinden. Manche scheinen sogar froh zu sein, dass er nicht mehr da ist. Sie erleben die Abwesenheit Gottes als Erleichte-rung.« (Scholl, 131) Der evangelische Theologe Ulrich H. J. Kört-ner fasst die zeitgeschichtliche Diagnose noch knapper zusam-men: »Die Abwesenheit Gottes oder sein Verlust […] gehört zu den theoretischen Voraussetzungen der Moderne.« (Körtner, 54)

8.3 Die Grundstruktur des neuen Paradigmas

Das Weltverständnis nach dem subjektivischen Handlungsmodell soll abgekürzt als »altes« oder als »traditionelles« Paradigma bezeichnet werden. Die Interpretation von Welt nach der funktionalen Logik soll »neues« Paradigma genannt werden. Mit beiden Bezeichnungen ist nur die Struktur der Weltsicht gemeint, nicht das Niveau der Erkenntnis. Was wir »Realität« nennen, haben und kennen wir immer nur als je unsere Wirklichkeit in der Gestalt jener Vorstellungen und Konstrukte, in denen wir Realität erfassen können. Im alten Paradigma wird jedes Geschehen als das absichtsvolle Handeln eines Subjektes verstanden. Dieses Subjekt kann als Totem, als Dämon, als Geistwesen, als Weltgeist, als Gott, als Prinzip oder als jede Art eines handlungsfähigen Abstraktums gedacht werden. Das neue Paradigma kennt keine Ursprungssubjekte mehr, aus denen Dinge und Menschen hervorgehen. Damit entfällt auch die Vorstellung, dass Dinge und Menschen sich ihrem Wesen nach auf dieses Ursprungssubjekt beziehen oder darauf hingeordnet sind und der Mensch sich davor zu verantworten hätte.

Im alten Paradigma sind die ursächlichen Subjekte zunächst in der erfahrbaren Welt zuhause. Es bildet sich aber eine Art »Überwelt« und schließlich ein Schema der drei Stockwerke heraus. Das mittlere Stockwerk umschreibt die Immanenz. Das obere Stockwerk bildet im Monotheismus das Jenseits und im philosophischen Monismus die übergeordnete Transzendenz. Das unterste Stockwerk gilt als der Bereich des Todes, in dem die Mächte des Todes herrschen. Im Monotheismus schließt es jene Endzeit ein, in der auf den Menschen das göttliche Gericht zukommt. Im neuen Paradigma verschwindet mit dem Verursacher-Schema auch das Denken in drei Stockwerken. Erkennen und Wissen verstehen sich als ein Erkennen und Wissen unter den gegebenen irdischen Vorgaben. Und beide beziehen sich auch nur auf die Realität, die im Bereich unserer Erfahrungsmöglichkeiten liegt. Das funktionale Weltverständnis schließt überirdische Tätersubjekte als Erklärung für irdische Vorgänge aus, und zwar nicht aus Gegnerschaft zu Religion und Gottesvorstellungen, sondern bereits im Ansatz des Paradigmas. Das, was im menschlichen Erfahrungsbereich liegt und darin geschieht, ist sich selbst genug. Was erkennbar und erklärbar ist, lässt sich innerhalb der weltlichen Gegebenheiten erkennen und erklären. Im funktionalen Paradigma gibt es keine »Schöpfung aus dem Nichts«, sondern nur das »Werden aus dem Nichts«.

Im alten Paradigma versteht sich der Mensch als Geschöpf, das von seinem Schöpfer mit einem bestimmten Auftrag in die Welt gestellt wurde und ihm dafür verantwortlich bleibt. Der Mensch versteht sich nicht nur als von seinem Schöpfer mit einem bestimmten Wesen ausgestattet, dem er mit seinem Leben entsprechen soll, er sieht sich in seinem Wesen auf diesen Schöpfer auch bleibend bezogen. Der Schöpfer ist für das Geschöpf die höchste Autorität, die ihm gegeben ist und an der der Mensch sein Tun auszurichten hat. Sein Lebenssinn liegt in der Absicht beschlossen, die der Schöpfer mit ihm hat. Im Horizont des neuen Paradigmas taucht die Möglichkeit eines Schöpfersubjektes gar nicht auf. Der Mensch versteht sich als »geworden« nach den Gesetzen, die uns Physik, Biologie und Chemie erschließen. Er sieht sich als ein autonomes Wesen, das seinem Leben selber einen Sinn geben und seinen Weg in dieser Welt selber finden und gehen muss. Er akzeptiert keine Autoritäten, es sei denn die Vernunft oder das, was er für vernünftig hält. Die Gemeinschaft der autonomen Wesen Mensch muss die Art des Zusammenlebens und die Normen, die in der Gesellschaft gelten sollen, in eigener Verantwortung und durch eigene Entscheidung festlegen.

Im alten Paradigma ist der Lebenssinn dem Menschen durch die Absicht des Schöpfers vorgegeben. Nach monotheistischem Verständnis soll der Mensch mit seinem Leben Gott verherrlichen, indem er den göttlichen Geboten folgt. Das neue Paradigma erschafft zwar eine gemeinsame Weltsicht bei denen, die es praktizieren, aber keine gemeinsame Ausrichtung im Handeln, keine gemeinsamen Werte und keinen Lebenssinn. Der Lebenssinn des Einzelnen artikuliert sich in dem Interesse, nach eigenem Verständnis möglichst gut zu überleben und sein Handeln im Gefüge der jeweiligen Gesellschaft entsprechend auszurichten.

Aus der Logik und Sicht des alten Paradigmas erscheint das Welt- und Selbstverständnis des neuen Paradigmas als ein Verlust an Tiefe und kultureller Tradition. Eben das, was nach dem alten Paradigma verloren zu gehen scheint, wird aus der Perspektive des neuen Paradigmas durchweg als die Befreiung von einer fiktiven Autorität und von gedanklichen Luftnummern der Theologen und deren »Geschwurbel« empfunden. Der Philosoph und Historiker Kurt Flasch und mit ihm viele andere sagen schlicht: »Mit fehlt nichts, was ich einmal hatte […]. Ich habe an Inhalt nichts verloren.« (Flasch, 255). »Für mich persönlich ist das Leben ohne Religion und Glaube nicht ärmer, sondern erheblich reicher geworden.« (bei Lorenz, 49f)

Zwei Elemente scheinen in beiden Paradigmen gleich zu sein: die Denkform der Kausalität und der Wunsch nach ganzheitlichem Verstehen und nach Sinn. Mit Kausalität ist nur der Zusammenhang zwischen Ursache und Wirkung gemeint, nicht die Art der Ursache. Im alten Paradigma ist die Ursache stets ein handlungsfähiger, mit Willen ausgestatteter Akteur, im neuen Paradigma sind es die Naturgesetze. Die Kausalität als die »selbstverständliche« Deutungsvorgabe für das Verstehen von Vorgängen ist in beiden Paradigmen vorhanden, allerdings auf verschiedene Verursacher bezogen.

In beiden Paradigmen scheinen die Menschen nach einem einheitlichen Verständnis der Weltvorgänge zu streben. Beide neigen dazu, das eigene Paradigma für die einzig mögliche Art des Weltverstehens zu halten und es absolut zu setzen. Erst die Einsicht, dass alle unsere Versuche, die Welt und die Vorgänge darin zu verstehen, perspektivisch sind, wird eine Basis für einen fruchtbaren Dialog schaffen können.

Religion wird in der traditionellen Philosophie Europas als Strukturelement des Menschseins gesehen, und zwar als ein Gegenüber des Menschen zu Gott. Nach der Logik des neuen Paradigmas wird Religion in dem Maße erlöschen, in dem der Gottesglaube, als Illusion erkannt, sich auflöst. Freilich, die Fragen, die sich der Mensch stellen muss, der sich seiner selbst in der Welt bewusst wird, lösen sich damit nicht auf, sondern bleiben. Und eben dieser Fragehorizont sprengt das europazentrierte Religionsverständnis, denn er existiert bereits *vor* allen Gottesvorstellungen und auch in den Religionen und im Paradigma ohne Gottesvorstellungen.

9 Zum Selbstverständnis des säkularen Menschen

Das neue Paradigma wird von Menschen selten in einer bewussten Entscheidung angenommen. Im Alltag begegnet uns die naturwissenschaftliche Denkweise in Gestalt all jener technischen Hilfen, mit denen wir wie selbstverständlich umgehen, z. B. Elektrizität in den vielen Formen von Licht, Haushaltgeräten, Kommunikationsmitteln, Verkehrsmitteln bis hin zu den Weltraumexpeditionen: Hilfen durch Medikamente, Gerätemedizin, Operationstechniken, Organersatz; die Möglichkeiten, durch Genmanipulation bei Pflanzen und Lebewesen Eigenschaften zu verändern und mit chemischen Manipulationen Materialien mit erwünschten Eigenschaften herzustellen. Im täglichen Umgang oder in der Begegnung mit Einrichtungen, die der Logik naturwissenschaftlichen Denkens entstammen, werden wir in diese Denkweise mit hineingenommen. Das neue funktionale Paradigma des Weltverstehens löst das auch für heutige Kinder ursprüngliche subjektivische Paradigma im Gang des Erwachsenwerdens unmerklich ab. Wer im neuen Paradigma zu denken gewohnt ist, für den verliert die traditionelle Sprache, die im alten Paradigma verfasst ist, ihr entscheidendes Axiom, nämlich Gott. Aus der Sicht und im Horizont des funktionalen Paradigmas brechen die kunstvollen Sprachkathedralen der christlichen Theologie und die traditionelle Verkündigung mit ihrer subjektivischen Logik als nicht plausibel in sich zusammen. Da Wörter ihre klare Bedeutung aus ihrem Bezugssystem gewinnen, entsteht in der Verständigung zwischen den beiden Paradigmen eine erhebliche Begriffsverwirrung, die nur mit der bewussten Kenntnis beider Paradigmen zu entwirren ist.

9.1 Religion und Religiosität

Im gegenwärtigen Allgemeinbewusstsein gewinnen »Religion«, »Religiosität« und »Glauben« ihren Inhalt durch die Erscheinungsformen, in denen die christlichen Kirchen wahrgenommen werden. Deshalb müssen sie konkret in die Überlegungen einbezogen werden. Mit »Religion« verbindet man den Glauben an Gott, seine Verehrung in Gottesdiensten und Gehorsam gegenüber seinen Geboten. Als »religiös« gilt, wer im Denken und Handeln dem Profil seiner Konfession entspricht. »Religiös« und »kirchlich« meinen das Gleiche. Religion hat nur im Bewusstsein kirchlicher Zeitgenossen etwas mit Jesus zu tun, gilt aber weithin als eine Art »Volksmetaphysik«, wie schon Arthur Schopenhauer bemerkte.

Für den Philosophen Ludwig Feuerbach (1804–1872) ist Religion eine Projektion menschlicher Wunschvorstellungen. Karl Marx (1818–1883) »entlarvt« Religion als ein Rauschmittel, mit dem die Gläubigen in ihrem Leben ruhiggestellt und auf ein besseres Jenseits vertröstet werden. Die Psychoanalytiker Sigmund Freud (1856–1939) und seine Anhänger diagnostizieren Religion als eine Art Kollektivneurose, die den Menschen an seiner Selbstwerdung hindert. Albert Einsteins Religionsverständnis lautet: »Meine Religion besteht in meiner demütigen Bewunderung einer unbegrenzten geistigen Macht, die sich selbst in den kleinsten Dingen zeigt. In diesem Sinn, und nur in diesem, gehöre ich zu den tiefreligiösen Menschen.« (Einstein, 12) In einem Brief an den jüdischen Religionsphilosophen Eric Gutkind schreibt er: »Für mich ist die unverfälschte jüdische Religion wie alle anderen Religionen eine Inkarnation des primitiven Aberglaubens.« (bei Wimberger, 8) Diese Bewertungen von Religion sickerten in ihren popularisierten Formen in das Allgemeinbewusstsein ein und suggerieren, dass Religion und Religiössein etwas Rückständiges, Gestriges und Krankes sei.

Solange die Kirchen das übliche gottbezogene Religionsverständnis übernehmen und in ihrer öffentlichen Erscheinung und Theologie den Eindruck erwecken, dass Religiosität und Religion das Bekenntnis zu einem allgemeinen Gott voraussetzen, der zu verehren und dessen Geboten zu gehorchen ist, solange verhindern sie selbst, dass die Botschaft Jesu als Antwortpozential auf Lebensfragen jedweden weltanschaulichen Hintergrunds wahrgenommen werden kann. Wenn die Botschaft Jesu im subjektivischen Paradigma des Monotheismus *verfasst* und *überliefert* ist, so heißt das nicht, dass der monotheistische Gottesglaube den *Inhalt* der Botschaft Jesu bildet. Jesus hat sich die Erde als Scheibe vorgestellt und Dämonen als Verursacher von Krankheiten gesehen. Kein gebildeter Europäer wird diese Vorstellung deshalb für den Inhalt der Botschaft Jesu halten, sondern sie als die zeittypischen Ausdrucksformen verstehen, in der er sich seinen Zeitgenossen verständlich gemacht hat. So gilt es auch, das Religiöse nicht auf seine Ausdrucksformen festzulegen, sondern es von den stets geltenden Bedingungen des Menschseins her zu sehen. Es gilt, das Religiöse als eine von jeder Generation zu leistende Aufgabe zu verstehen, bei der sich der Einzelne seiner selbst im Gegenüber zur Vielfalt seiner Welt bewusst werden und sich den Fragen nach Ziel und Weg des eigenen Lebens stellen muss. Denn das ist der bleibende Horizont des Religiösen. Die Antworten, die gefunden werden, müssen sich immer in jenen Formen ausdrücken, die der jeweiligen Kultur und Sprache zur Verfügung stehen. Die in der *conditio humana* vorgegebene Notwendigkeit, nach der eigenen Existenz im Ganzen und nach Sinn, Ziel und Verhalten zu *fragen*, erweist sich als die allen Menschen gleichsam eingeborene Religiosität. Sie verbindet alle Menschen. Die Inhalte und Ausdrucksformen, in denen diese Fragen *beantwortet* werden (nämlich die konkreten Religionen), trennen sie. Die Botschaft Jesu als die Einladung, aus einer Grundhaltung der Liebe leben zu können, ist an keine spezielle Ausdrucksform gebunden. Sie kann in jedem Paradigma als die

Möglichkeit, Mensch zu sein, ausgesagt werden. Institutionalisierte Religion kann dieser Botschaft Stimme geben oder sie unter Riten, Ideologien und Forderungen in den Hintergrund drängen oder ganz zudecken. Der damit angedeuteten Blickrichtung auf die Geschichte und den gegenwärtigen Zustand der christlichen Kirche ist hier nicht näher nachzugehen.

9.2   Glauben

Das Thema »Religion« spitzt sich unter dem Stichwort »Glaube« noch einmal auf andere Weise zu, weil »glauben« auf sehr unterschiedliche Weise verstanden wird. Im üblichen Sprachgebrauch heißt »glauben«, an die Existenz eines Gottes zu glauben, dem zuzustimmen, was die christlichen Kirchen über ihn lehren und sich nach seinen Geboten zu richten. Nach diesem Verständnis teilen sich die Zeitgenossen sogar selbst in zwei Lager: in die Gläubigen und die Ungläubigen, in Gottgläubige und Gottlose, in Konfessionsgebundene und Konfessionsfreie oder Konfessionslose.

Über das, was Protestanten oder Katholiken glauben, kann man sich – wenn man das ernsthaft will – heute gut informieren. Über das, was Konfessionslose für den Glauben der Christen halten und eben nicht mehr glauben möchten, was sie aber selbst glauben und auch als ihre Religion verstehen, gibt es inzwischen eine ganze Reihe von »Bekenntnisliteratur«. Eine Auswahl: Karl-Josef Kuschel, »Ich glaube nicht, dass ich Atheist bin« (1992); Carlo Maria Martini / Umberto. Eco (Hg), »Woran glaubt, wer nicht glaubt?« (1999); Alfred Grosser, »Die Früchte ihres Baumes. Ein atheistischer Blick auf die Christen« (2005); André Comte-Sponville, »Woran glaubt ein Atheist? Spiritualität ohne Gott« (2009); Fiona Lorenz, »Wozu brauche ich einen Gott? Gespräche mit Abtrünnigen und Ungläubigen« (2009); Kurt Flasch, »Warum ich kein Christ bin« (2013); Rita Kuczynski, »Was glaubst du eigentlich? Weltsicht ohne Religion« (2013);

84

Gerhard Wimberger, »Glauben ohne Christentum. Eine Vision« (2013); Tobias Faix, u. a., »Warum ich nicht mehr glaube. Wenn junge Menschen den Glauben verlieren« (2. Aufl. 2014); Ella De Groot, Gott – der Atem der Welt« (2015).

Weshalb lehnen viele Zeitgenossen nicht Glauben generell, aber besonders vehement den Gottesglauben ab? Das Nein zum Gottesglauben wird als ein Befreiungsakt aus religiösen Zwängen und aus der Unterwerfung unter eine externe Autorität erlebt. R. H. flehte viele Jahre zu Gott, eine Reaktion blieb aus. Mit etwa 65 Jahren wurde sie Atheistin. Ihre Erfahrung: »Nur grenzenlose seelische Befreiung und Glücksgefühle.« (bei Lorenz, 92f) Ein jetzt als Trauerredner Tätiger hat zuerst seinen christlichen, dann seinen Mormonenglauben abgeworfen und bekennt, dass ein erfülltes und sinnvolles Leben auch ohne christlichen Glauben möglich ist (bei Lorenz, 121ff). Ein Künstler gibt seine Glaubenslosigkeit zu Protokoll: »Es ist doch hirnrissig, etwas nur deshalb zu glauben, weil es in einem Buch steht. Man muss keine bestimmten Vorgaben erfüllen, man muss nicht fünfmal am Tag beten, man muss nur selber klar denken und sein Leben gestalten. Man ist von niemandem abhängig. Das finde ich einfach wunderbar.« (bei Lorenz, 139) Eine Journalistin stieß bei den Christen auf Selbstbetrug und Bigotterie, auf kanalisiertes Denken, auf tabuisierte Sexualität, auf Missachtung von Nicht- und Andersgläubigen (bei Lorenz, 55f). Der Comiczeichner Ralf König begründet seinen Abschied vom Glauben so: »Ich war immer ein sexueller Mensch […]. Aber gerade die Sexualität ist ja der große Teufelshuf in der Kirche. Ausgerechnet verbitterte alte Männer, die von Lust und Freude keinen Schimmer haben, patentieren sich einen Draht zu einem imaginären Gott und meinen, die Menschheit nach ihren Verklemmtheiten belehren und tadeln zu dürfen.« (bei Lorenz, 145f) Wenn Menschen ihre Absage an den Glauben begründen, benennen sie vor allem das, was sie an den Kirchen und an deren Repräsentanten stört und abstößt. Meditative Gemüter analysieren den Verlust ihres Gottesglaubens analytisch sachlich. So z. B. der Philosoph André Comte-Sponville. Er schreibt: »Ich bin nicht nur christlich erzogen, ich habe an Gott geglaubt, […] bis ich ungefähr achtzehn war. Dann verlor ich den Glauben, und es war wie eine Befreiung: Alles wurde einfacher, leichter, offener, stärker! Es war als ob ich aus der Kindheit mit all ihren Ängsten […] heraus- und endlich in die reale Welt einträte, in die Welt der Erwachsenen […] Welche Freiheit! Welche Verantwortung! Welcher Jubel! Ja ich habe das Gefühl, besser zu leben, seit ich Atheist bin, klarer, freier, intensiver.« (Comte-Sponville, 20). Er entfaltet sechs Gründe gegen einen Gottesglauben, die so oder bruchstückhaft auch von vielen Zeitgenossen vorgebracht werden.

Andere werfen den Kirchen vor, dass sie Glaube allein für ihre eigenen Inhalte reklamieren: Sie weisen darauf hin, dass doch jeder Mensch glaubt, auch der Atheist, denn »der Mensch ist nicht fähig, nicht zu glauben« (Wimberger, 3). Glaube müsse nicht Gottesglaube sein. Gottesglaube sei nur eine unter vielen Optionen. Einen im strengen Sinn glaubenslosen Menschen könne es gar nicht geben. Volker Gerhardt stellt aus philosophischer Sicht bereits im Vorwort seines Buches »Der Sinn des Sinns« fest, »dass jede und jeder irgendetwas glaubt, sobald er ernsthaft etwas tut oder lässt« (Gerhardt, 9).

Woran diejenigen glauben, die mit Religion und Christentum nichts zu tun haben möchten, das wird oft im Gegensatz zu den christlichen Inhalten artikuliert. Betont wird, dass es Glauben ohne Gott gibt, und zwar als Glaube »an den Menschen«, »an das Gute im Menschen«, »an die Restvernunft des Menschen«, »an den guten Willen aller«, »an die gegenseitige Toleranz«, »an Vernunft und Verstand«, »an Erziehung und Bildung«, »an Gerechtigkeit«, »an die Evolution«, »an die biologischen Gesetzmäßigkeiten«, »an die Eleganz der Naturgesetze und der Mathematik«, »an die neuesten Erkenntnisse der Physik«, »an die Richtigkeit der Idee von Marx und Engels«. Viele glauben »an sich selbst«, »an die eigene Kraft«, »an die eigene Fähigkeit«,

»an die eigenen Kinder« (Kuczynski, 26–44). Auch bei diesen säkularen Glaubensbekenntnissen zeichnen sich die beiden Schwerpunkte ab, nämlich Glauben als ein »Vertrauen auf …« und Glauben als ein »Fürwahr-Halten von …«. Gelegentlich fließen auch Wünsche, Sehnsüchte und Erwartungen ein. In den aus funktionalem und naturalistischem Denken abgegebenen Glaubensäußerungen geht es um die (religiöse) Kernfrage nach einem erfüllten und gelingenden Leben. Martin Luther hat bereits im Großen Katechismus darauf hingewiesen, dass die Struktur des Glaubens unterschiedliche Inhalte haben kann: »Worauf du nu dein Herz hängest und verlässest, das ist eigentlich dein Gott.« (Luther, 560) Paul Tillich (1886–1965) hat gegen die Neigung, Glauben allein auf den christlichen Monotheismus zu beziehen, die gemeinsame Struktur jedweder Glaubensform herausgearbeitet. Danach zeigt sich im Glauben der Versuch des Menschen, sein Leben im Gegenüber zu seinem Verständnis von Wirklichkeit zu erfassen, sich darin zu orientieren und seinem Leben Richtung zu geben. Als »das zentrale Phänomen im personhaften Leben des Menschen« ist Glauben »unbedingtes Ergriffensein«, das sich allein durch sich selbst rechtfertigt. Paul Tillich schließt seine Studie über »Wesen und Wandel des Glaubens« mit der tiefsinnigen und bedenkenswerten Feststellung: »Es ist der Triumph der Dynamik des Glaubens, dass jede Verneinung des Glaubens selbst Ausdruck von Glauben ist.« (Tillich, 144f) Es stellt sich heraus, dass kein vollsinniger Erwachsener glaubenslos lebt. Freilich kann es wohl sein, dass ihm das, worauf er vertraut und wovon er sich leiten lässt, nicht bewusst ist.

9.3 Gott

Der Wechsel vom subjektivischen zum funktionalen Weltverständnis äußert sich am klarsten darin, dass jede Art von Gott als Schöpfer, Erhalter oder Lenker ausgeschlossen wird, und zwar nicht erst durch Gründe, die gegen ihn sprechen, sondern bereits durch das Grundkonzept des neuen Paradigmas. Im neuen Paradigma »wird das, was in der Welt geschieht, einem systemischen, innerweltlichen Bedingungszusammenhang zugerechnet und so der Eingriffskausalität Gottes oder sonst subjektivischer Mächte entzogen.« (Dux 2013, 33)

Menschen, die bereits im funktionalen, naturalistischen Weltverständnis sozialisiert wurden, weisen die Unterstellung, sie »verleugneten« Gott, entschieden zurück, und zwar mit der Begründung: Etwas, das nicht existiert, kann man gar nicht verleugnen und muss es erst recht nicht. Kirchlich sozialisierte Zeitgenossen nennen für ihren Abschied vom Gottesglauben unterschiedliche Motive, zum Beispiel, Gott habe die Erwartungen enttäuscht, die man in ihn gesetzt habe. Mit dem Verweis auf das Sterben vieler Menschen bei Erdbeben, Tsunamis und Seuchen oder auf Unfall, Krankheit und frühen Tod eines nahen Angehörigen oder Freundes wird argumentiert: Das alles sei mit einem Gott der Liebe nicht zu vereinbaren. Aus der Sicht seines Fachwissens kann sich der Informatiker Matthäus wirklich nicht denken, »dass sich eine (göttliche) Person um zig Milliarden Menschen kümmert und dazu auch noch all diesen Zirkus und kirchliche Kirmes nötig hat.« (bei Kuczynski, 174) Aus der Perspektive des eigenen Lebensziels wird gesagt: Der in den Kirchen verkündigte Gott mache den Menschen zur Marionette und zum Befehlsempfänger. Der Abschied von Gott wird als ein persönlicher Befreiungsakt vom Zwang dumpfer Unterwerfung und unwürdiger Abhängigkeit geschildert, hin zu einem selbstbestimmten, authentischen Leben, zu geistiger und moralischer Freiheit und zu unbeschwertem Spaß am Leben. Die Befreiung von Gott wird als Befreiung zu sich selbst gefeiert. Viele nennen Schriften von Physikern, Biologen, die ihnen zu dieser Freiheit geholfen haben. Das funktionale Paradigma bildet die einladende, legitimierende, logische und plausible Brücke zu einem gottfreien Welt- und Selbstverständnis.

9.4 Die Bibel

Wo die Bibel im fundamentalistischen Sinne als Gottes Wort verstanden wird, da erhält sie ihre Autorität von der absoluten Existenz Gottes. Wird die Existenz Gottes verneint, so verliert die Bibel auch ihre Verbindlichkeit. Gemäß der »Dogmatischen Konstitution über die göttliche Offenbarung« des Zweiten Vatikanischen Konzils (»Dei Verbum« von 1965, DV) »ist von den Büchern der Schrift zu bekennen, dass sie sicher getreu und ohne Irrtum die Wahrheit lehren, die Gott um unseres Heils willen in den heiligen Schriften aufgezeichnet haben wollte.« (DV 11) Der Katechismus der katholischen Kirche (KKK) von 1993 spitzt das in dem Satz zu: »Die Heiligen Schriften enthalten das Wort Gottes und, weil inspiriert, sind sie wahrhaft Wort Gottes.« (KKK 135) Die protestantischen Kirchen gründen die Autorität der Bibel weder in der Verfasserschaft noch in der Inspiration Gottes. Nach ihrem Verständnis sind die neutestamentlichen Texte menschliche Zeugnisse von Jesus, in dessen Person und Wirken sich in menschlicher Weise zeigt, was als das Göttliche in ihm erkannt wurde. Die gedankenlose Bezeichnung »Wort Gottes« für die biblischen Texte legt ein unhistorisch fundamentalistisches Missverständnis nahe.

Aus der Sicht des neuen Paradigmas wird der Bibel jedweder Anspruch auf historische oder verbindliche Wahrheit abgesprochen. In der volkstümlichen Version gilt es als »hirnrissig«, an etwas nur deshalb zu glauben, weil es in der Bibel steht. Die historisch-kritischen Bibelwissenschaften vermitteln seit Generationen ein angemessenes historisches Verständnis der biblischen Schriften. Auf den Kanzeln und in Bibelstunden wird das bis heute nur unzureichend vermittelt. Auch die etwa 1000 Religionsstunden, die bis zum Abitur zusammenkommen, scheinen zum historischen Verständnis biblischer Texte bisher wenig beigetragen zu haben.

9.5 Die geoffenbarte Lehre

Wird die Bibel ohne zureichende Kenntnis ihres historischen Charakters gelesen, so wird sie oft erregt abgelehnt: »Ihre Lehren sind widersprüchlich und mit einem liebenden Gott nicht zu vereinbaren. Sie ist ein Märchenbuch aus der Kindheit der Menschheit. Die Lehren der Bibel und der sich darauf gegründeten Religionen sind homophobe, sexistische, lächerliche Anachronismen.« (bei Faix, 55) Viele sagen: Die Aussagen der Bibel und die Lehren der Kirchen widersprechen der Vernunft und der Wissenschaft. Gibt es keinen Gott, so kann es auch keine göttlichen Offenbarungen geben, und die Lehren und deren Anspruch auf Wahrheit und Verbindlichkeit entfallen. Die Befreiung von biblischen und kirchlichen Lehren wird ebenfalls als Befreiung von angemaßten Autoritäten hin zu einem selbstbestimmten Leben verstanden. Mit der Logik des funktionalen Paradigmas wird all das in die vermeintlich geoffenbarten oder tatsächlichen Lehren der Kirchen hineingelesen oder ausgestrichen, was der Einzelne ohnehin gegen Religion und Gott hat.

9.6 Nach dem Tod

Alle Menschen, die sich ihrer selbst bewusst werden, stellen sich der Frage, wie es mit ihnen nach dem Tod weitergeht. Deshalb finden wir auch in allen Kulturen und Religionen Antworten auf die Existenzweise und das Schicksal der Menschen nach ihrem Tod. Auch der sich als religionslos verstehende Mensch muss sich diese Frage stellen und sich selbst eine Antwort geben. Dies geschieht oft vor dem Hintergrund seiner Kenntnis von religiösen Antworten, gelegentlich auch nur als deren Ablehnung.

Der europäische Hintergrund hält zwei Antworten bereit: die Auferstehung von den Toten und die Unsterblichkeit der Seele. Der Auferstehungsgedanke tauchte in unserem Kulturkreis im 4. Jh. v. Chr. in der dualistischen iranischen Religion Zoroasters auf und wurde von einer Gruppe frommer Juden, den Pharisäern, in einer Krisensituation des 2. Jh. v. Chr. zusammen mit der Vorstellung eines göttlichen Endgerichts übernommen. Zur Zeit Jesu war der Glaube an die Auferstehung im Volksglauben bereits fest verankert. Dieses iranisch-jüdische Erbe begann sich bereits im 2. Jh. n. Chr. als christliche Erwartung einer Auferstehung zum Gericht lehrhaft zu verfestigen.

Vom griechischen Philosophen Platon (427–347 v. Chr.) stammt die Vorstellung, dass die Seele des Menschen, die sein Sein und Wesen ausmacht, den Ideen angehört. Gemäß ihrer Herkunft ist die Seele des Menschen jenseitig, unsterblich und von göttlichem Wesen. Sie geht mit dem menschlichen Leib eine zeitliche Verbindung ein, löst sich aber im Tode wieder vom sterblichen Leib. Obwohl der Gedanke der Unsterblichkeit der Seele einem gänzlich anderen Denkmodell entstammt als der Auferstehungsglaube, wurden beide bereits seit dem 3. Jahrhundert ineinander verwoben. Der Unsterblichkeitsglaube hat im Volksglauben der letzten Jahrhunderte sogar den Unsterblichkeitsglauben zum Gericht in den Hintergrund gedrängt und sich im Sinne eines irgendwie vorzustellenden Fortlebens nach dem Tod verselbstständigt (Fischer 2012a).

Wer die Welt im funktionalen Paradigma versteht, kennt kein Jenseits zu dieser Welt. Er muss also die Antwort auf die auch ihm sich stellende Frage, was nach dem Tode mit ihm sein wird, innerweltlich geben. Die Antworten lauten: »Tod ist Tod«. »Schluss ist Schluss«. »Da kommt für mich nichts mehr«.

Ein Fortleben sieht man dennoch, nämlich biologisch in den Kindern und Enkeln und in den Erinnerungen der Familie und der Freunde. Geistig tätige Menschen hoffen, durch ihre Arbeit in der Wissenschaft eine Art Humus für neue Ideen zu hinterlassen. Unternehmertypen sehen sich in ihrem Werk und politisch Engagierte in den Entwicklungen zu einer besseren Gesellschaft weiterleben, die sie mit angestoßen haben.

Andere sehen sich im Kreislauf der Natur fortleben. »Die Atome, aus denen ich bestehe, werden weiterhin Bestandteil von chemischen und physikalischen Prozessen sein.« (bei Kuczynski, 166) »Stofflich geht es weiter mit der Umwandlung der materiellen Substanz.« (bei Kuczynski, 167) In dem großen Prozess sieht man seine Moleküle als Dünger für anderes. Diese Einbindung des Todes in den Kreislauf der Natur diagnostiziert die Philosophin Rita Kuczynski als »säkularen Pantheismus«, der die Natur an die Stelle Gottes setzt: »Alle Menschen sind in der Natur, und die Natur ist in allen Menschen.« (Kuczynski, 168)

Eine weitere Gruppe bindet ihr Fortleben noch abstrakter in die elementaren Gesetze des kosmischen Geschehens ein. »Meine Moleküle waren ja selbst schon Sternenstaub und werden es wieder sein.« (bei Kuczynski, 170) Das Fortleben wird aus der ehemals metaphysischen Ebene in den naturalistischen Horizont verlagert. Rita Kuczynski fasst so zusammen: »Kreisten die religiösen und metaphysischen Vorstellungen von Unsterblichkeit, allgemein gesprochen, um ein zeitlich unbegrenztes *Leben* in physischer und spiritueller Form, so kreisen die säkularen Vorstellungen um ein zeitlich unbegrenztes *Fort*dauern bzw. *Fort*bestehen im unendlichen Prozess von Werden und Vergehen« (Kuczynski, 171). Der säkulare Einzelne denkt Lebensfragen eher selten ganz konsequent in der funktionalen Logik seines Paradigmas. Er kann seiner Sehnsucht auch mit Bruchstücken aus dem Fundus der ihm bekannten Religionen Ausdruck geben und sich Wiedergeburt, Metamorphosen oder Ähnliches vorstellen. Konsequent wird allerdings jede Verbindung zu einer Gottesvorstellung ausgeschlossen. Der im subjektivischen Paradigma im Jenseits angesiedelte persönliche Gott, den menschliche Vernunft nicht zu fassen vermag, wird im funktionalen Paradigma auf das Format eines innerweltlich allgültigen und für Menschen unberechenbaren kosmischen »Prinzips« zurückgeschnitten.

9.7 Lebenssinn

Säkulare Zeitgenossen sehen bei den Christen den Lebenssinn durch Gott vorgegeben. Der Mensch sei darauf festgelegt, die göttlichen und kirchlichen Gebote zu beachten und damit Gott zu verherrlichen. So sage es ja auch das Kirchenlied (Evangelisches Gesangbuch, Nr. 288 / Reformiertes Gesangsbuch, Nr. 57): »Erkennt, dass Gott ist unser Herr, der uns erschaffen ihm zur Ehr« und »Gott loben, das ist unser Amt«.

Gegenüber diesem göttlich vorgegebenen Lebenssinn wird die Befreiung von Gott und dessen Vorschriften als Schritt in ein selbstbestimmtes Leben begrüßt. In einer gottfreien Welt hat jeder die Möglichkeit, seinem Leben einen eigenen Sinn zu geben oder es als sinnlos einfach nur zu genießen. »Trost gibt mir, dass das Leben keinen höheren Sinn hat.« (bei Kuczynski, 138) Wenn es keine Instanz gibt, vor der man sein Tun zu verantworten hat, bleibt es dem oder der Einzelnen überlassen, sein Dasein nach eigenen Vorstellungen optimal zu gestalten.

9.8 Transzendenz

Der Begriff »Transzendenz« kommt von lat. *transcendere* hinübergehen, überschreiten. Die darin enthaltene Vorstellung setzt zwei verschiedene Bereiche voraus. Von der Art dieser Bereiche hängt es ab, was mit »transzendieren« und mit »Transzendenz« gemeint ist. Mit einem »anderen« Seinsbereich sieht sich der Mensch konfrontiert, wenn er vor einem Toten steht und sich ihm die Frage aufdrängt: Wo ist er jetzt? Wohin geht er? Wohin werde ich einmal gehen, wenn ich sterbe? Aus der Konfrontation mit Toten haben alle Kulturen ihr »Jenseits« als den Aufenthaltsort der Verstorbenen entwickelt: Die Scheōl, das Reich des Todes, den Hades, die Unterwelt bis hin zu Fegefeuer, Hölle und Himmel – Begriffe, die von der Erwartung eines Endgerichts geprägt sind.

In der europäischen Kultur gilt seit Platon ein eigenständiger Seinsbereich, der außerhalb unserer Erfahrungsmöglichkeit liegt, als transzendent oder als Transzendenz. Im Laufe der Geschichte hat sich die Grenze zwischen dem uns Zugänglichen, der Immanenz, und dem uns Unzugänglichen, der Transzendenz, verschoben in dem Maße, in dem sich unser Erfahrungsbereich durch die technischen Möglichkeiten ausgeweitet hat.

Zu den transzendenten »Gegenständen« gehören die Fragen nach dem Sein selbst, die Frage nach dem Ersten und Letzten und die Fragen nach der Beziehung des Menschen zum Unbedingten. Dieser Fragehorizont heißt seit Aristoteles »Metaphysik«, weil seine Schriften, die davon handeln, in der Bibliothek *nach* (gr. *meta*) denjenigen »über die Natur« stehen. Jene Frau-gen, die das Woher und Wohin des Menschen betreffen, die nach dem Sinn seines Lebens und nach den Prinzipien seines Verhaltens suchen, sind menschliche Urfragen. Sie decken sich mit dem Fragehorizont aller Religionen. Im subjektivischen Paradigma wird dieser Fragebereich stets mit Bezug auf ein transzendentes Absolutes zur Sprache gebracht, sei dieses Absolute eine Götterwelt, ein Gott, eine Idee, ein Welt-Prinzip oder ein anderes Abstraktum wie die Vernunft. Alle großen Weltreligio-nen sind im subjektivischen Paradigma verfasst und geraten in dem Maß in die Krise, in dem die Menschen das alte Welt-verständnis aufgeben und sich und ihre Welt im funktionalen Paradigma zu verstehen suchen. Hier ist das Weltall der Horizont für die »große Erzählung über die Unendlichkeit«.

Im funktionalen Paradigma ist das »Diesseits« der einzige Seinsbereich, dem Wirklichkeit zugesprochen wird. Innerhalb dieser Wirklichkeit gibt es freilich vieles, das wir (noch) nicht erfassen können, ja noch nicht einmal kennen. So tut sich eine Transzendenz innerhalb unserer Immanenz auf. Es gibt nur ein Hier, aber »es gibt ein *Mehr* in diesem Hier« (Wimberger, 121). Musik. Literatur und Kunst gehören dazu. Im funktionalen Para-digma ist die Transzendenz immanent.

Viele, die mit dem subjektivischen Denken auch alles Religiöse hinter sich gelassen zu haben meinen, empfinden eine Welt ohne Jenseits als Entlastung, weil man sich vor keiner höheren Instanz für sein Leben zu verantworten hat. »Die Idee, irgendwo im Himmel in einem Jenseits weiterleben zu müssen, wäre mir ein Albtraum.« (bei Kuczynski, 163) Die Gewissheit, dass das Leben keinen Sinn haben muss, »nimmt einem doch [...] potenzielle Last von den Schultern« (bei Kuczynski, 138). »Dadurch, dass ich das weiß, ist mir mein endliches Leben auf Erden viel wertvoller.« (bei Kuczynski, 138) Innerweltliche Selbsttranszendenz kann auch im Rausch, in der Ekstase von Sport- oder Popmusikveranstaltungen, im Sex, in Natur- und Gemeinschaftserlebnissen erfahren werden.

9.9 Ethik und Moral

In den meisten Kulturen sind die Regeln für ein moralisches Verhalten eng mit der jeweiligen Religion verbunden. Dennoch sind Ethik und Religion eigenständige Sinnbereiche. Die Ethik des Abendlandes speist sich aus zwei Quellen: der philosophischen Ethik der Griechen und der Ethik, die sich aus der jüdischen Ethik und der Jesusbotschaft ergibt. Beide Traditionen wurden schon früh miteinander verbunden. Seit Thomas von Aquin (1225–1274), der Gott als das »summum bonum« (das schlechthin Gute) interpretiert, ist die ethische Philosophie des Aristoteles voll in die christliche Tradition integriert. Diese Verbindung hat sich seit dem 17. Jahrhundert begonnen, aufzulösen: Moralisches Bewusstsein wird als autonom von Religion verstanden. Immanuel Kant (1724–1804) gründet die Moral in der Autonomie des Menschen.

In unserer pluralistischen Gesellschaft hat die traditionelle Religion kein ethisches Monopol mehr. Ethische Pluralität ist nicht nur denkbar, sondern sie ist die Normalität. Der Philosoph Otfried Höffe schreibt im von ihm herausgegebenen »Lexikon der Ethik«: »Dort, wo überkommene Lebensweisen und Institutionen ihre selbstverständliche Geltung verlieren, sucht die philosophische Ethik, von der Idee eines sinnvollen menschlichen Lebens geleitet, auf methodischem Weg und ohne letzte Berufung auf politische und religiöse Autoritäten oder auf das von alters her Gewohnte und Bewährte allgemeingültige Aussagen über das gute und gerechte Handeln.« (Höffe, 2008, 58f)

Heute bezweifelt niemand mehr, dass moralisch hochstehendes Verhalten auch ohne die Begründung in Gott möglich ist. Diese Konzepte sehen sich selbst in der Pflicht, ihre Kriterien für die Angehörigen des jeweiligen Geltungsbereichs mit nachvollziehbaren Argumenten zu begründen. Der reflektierte Atheismus bietet unterschiedliche gottfreie Moralkonzepte an, trägt damit freilich zur Auflösung bisher verbindlicher Normen und Werte in der Gesellschaft bei. Zeitgenossinnen und Zeitgenossen, die ihre Autonomie bewusst und ohne Gott leben, wissen sich, wie schon die griechischen Philosophen, verantwortlich in das gesellschaftliche Ganze eingebunden und reden keinesfalls der egoistischen Willkür das Wort. Ihre Anfragen an die Morallehren, insbesondere der römisch-katholischen Kirche zu Ehe und Sexualität, sollten gehört werden.

10. Klärung von umstrittenen Begriffen und Ausblick

Erst in den letzten Jahrzehnten ist in den Religionswissenschaften bewusst geworden, dass Definitionen von Religionen immer selbstreferenziell sind. Den Definitionen ist zu entnehmen, dass sie sich durchweg auf das Religionsverständnis und damit auf die Perspektive des Definierenden beziehen. Es ist legitim, das Phänomen des Religiösen aus einer bestimmten Perspektive (Philosophie, Soziologie, Psychologie, Kunst u. a.) zu untersuchen und es auf seine Funktionen, seine Inhalte, seine Gottesvorstellungen, seine Ausdrucksformen, seine Organisationsformen u. a. zu befragen. Nur lässt sich daraus keine allgemeine Definition ableiten, es sei denn, eine reduktionistische. Selbst aus der Summe aller selbstreferenziellen Definitionen ließe sich keine allseits befriedigende Umschreibung gewinnen.

Das beste Beispiel für die selbstreferenzielle Definition ist das Wort »religio« selbst, das der Philosoph Marcus Tullius Cicero (106–43 v. Chr.) aus der römischen Kultpraxis gewonnen hatte. In den römischen Kulten ging es darum, für das eigene Wohlergehen die rechtlich-rituellen Pflichten gegenüber den Göttern zu erfüllen. Eine persönliche, innere Beziehung zu diesen Göttern war weder vorgesehen noch verlangt. Cicero leitete das Wort »religio« etymologisch von dem Verb »relegere« (sorgfältig bedenken) ab und definierte es im römischen Verständnis als »das rechte Verhalten gegenüber den Göttern« (Cicero, I, 116), konkret als die »fromme Verehrung der Götter« (Cicero, I,117).

Das Wort »religio« setzte sich in der gesamten europäischen Kultur durch. Aber seine Bedeutung änderte sich. Der christliche Apologet Lactantius (ca. 250–320 n. Chr.) trug bereits sein christliches Verständnis ein. Er leitete das Wort »religio« vom Verb »religare« (binden) her und definierte religio als die feste Bindung des Einzelnen an den einzigen Gott, eine Bindung, die Gott selbst gesetzt habe. Augustinus (354–430) variierte diese

Definition insofern, als er die Bindung von der einzelnen Seele ausgehen ließ, die sich an den einen Gott bindet.

Mit der Monopolstellung des Christentums hat sich dessen Religionsverständnis als normativ durchgesetzt und auch die Folie für die Sicht auf die anderen Religionen vorgegeben. Das Religionsverständnis europäischer Färbung geht durchweg von einem Weltverständnis der zwei Sphären aus: menschlich – göttlich, profan – heilig, unrein – rein, dem Menschen zugänglich – dem Menschen unzugänglich, diesseitig – jenseitig, immanent – transzendent u. a. m. Demnach wird Religion stets als ein Verhältnis des Menschen zu jenem Göttlichen, Heiligen, Jenseitigen, Transzendenten und Numinosen verstanden. Kulte und Weltdeutungen, die diese Merkmale nicht haben oder in die sich diese Sicht nicht hineininterpretieren lässt, werden per definitionem aus dem Bereich des Religiösen ausgeschlossen. Mit jeder Festlegung von *inhaltlichen* Merkmalen für das, was als Religion oder als religiös gelten soll, wird ein künstlicher Graben zwischen religiös und nichtreligiös geschaffen, und zwar, wie sich zeigen wird, grundsätzlich an falscher Stelle.

Erfasst man – was in diesem Buch geschieht – das Religiöse von den Gegebenheiten und Notwendigkeiten des Menschlichen her (Kap. 2–6), so ergibt sich ein anderes Bild. Es ergeben sich Begriffe für das Religiöse, die jenseits aller inhaltlichen Streitigkeiten liegen. Das soll im Folgenden skizziert werden.

10.1 Religiosität

Im Bewusstsein der Europäer wird die Religiosität des Einzelnen danach bemessen, in welchem Maß er mit dem übereinstimmt, was vom Beurteilenden als die normative Bezugsgröße von Religion unterstellt wird. Das kann die römisch-katholische Lehre, eine protestantische Position oder nur eine ganz private Vorstellung von Christentum sein. Danach gelten Menschen als nichtreligiös oder stufen sich selbst so ein, die die entsprechende Bezugsgröße ablehnen oder keinen Kontakt zu einer christlichen Kirche und deren Praxis haben. Bei nüchterner Betrachtung zeigt sich freilich, dass auch jene Zeitgenossen, die in keiner der traditionellen Religionen aufgewachsen sind oder eine Religion verlassen haben, in der Sache die gleichen Fragen an ihr Leben im Ganzen dieser Welt stellen wie die in einer Religion Verankerten.

Beide stellen ihre Fragen mit gleichem Ernst. Ernsthaft gestellte Fragen sind grundsätzlich auf eine Antwort hin angelegt, ja, sie sind selbst bereits der Beginn einer Antwortsuche. Diese Fragen öffnen den Horizont und geben den Anstoß zur Bildung jener kollektiven Deutungs- und Antwortsysteme der Sprachgemeinschaft, die wir Religionen nennen. Weil die Fragen auf Antwort angelegt, aber selbst noch nicht Religion sind, kann man die jedem Menschen mitgegebene Fähigkeit, nach seinem Leben im Ganzen seiner Welt zu fragen als »seine Religiosität« bezeichnen. Jeder vollsinnige Mensch bringt diese Fragefähigkeit mit und praktiziert sie in dem Maße, in dem er nach seinem Verhältnis zum Weltganzen und zu den Wesen und Gegebenheiten fragt, mit denen er sich hier vorfindet.

Auf die stammesgeschichtlichen Nullsituationen muss hier nicht eingegangen werden, weil gegenwärtig jeder Mensch allein schon durch seine Sprache in ein vorgegebenes Deutungsmuster von Welt hineinwächst. Das bedeutet, dass auch die Fragen, die sich der Einzelne stellt, nicht weltanschaulich neutral, sondern durch den Hintergrund seiner Kultur bereits gefärbt sind. Der Mensch, der in einer Welt der Geister und dämonischen Wesen aufwächst, wird nach der Position und dem Sinn seines Lebens anders fragen als einer, der in einer theistisch geprägten Welt groß wird. Wer in einer theistisch geprägten Welt nach Sinn fragt, wird nach dem Verhältnis zu seinem Schöpfer, nach dem Auftrag seines Lebens, nach der Verantwortung seines Lebens vor einer Instanz und dem letzten Gericht fragen. Der im neuen Paradigma Sozialisierte hingegen wird angesichts der Naturgesetze und der Spielregeln der Gesellschaft danach fragen, wie er aus seinem Leben das Beste machen und seine Ziele oder Träume verwirklichen kann. Die Notwendigkeit, nach Grund, Sinn, Ziel und Gestalt des eigenen Lebens zu fragen, ist die dem Menschen mitgegebene Religiosität, die er nur zugleich mit seinem Menschsein verlieren oder unterdrücken kann. Der Theologe und Religionswissenschaftler Karl-Heinz Ohlig drückt das so aus: »Seit der Mensch aus dem evolutiven biologischen Prozess hervorgegangen ist, hat er den naturalen ›Ort‹ und eine ausschließlich trieb- und instinktmäßige Bestimmung, wie sie seinen Vorfahren eigen war, zunehmend verloren. Er fängt an, in Geschichte und Kultur seine Identität zu suchen und zu verwirklichen; er ist ein ›religiöses‹ Wesen geworden, das um seine Kontingenz und Ohnmacht weiß und sich auf ein übermäßiges ›Plus‹ – in Angst und Hoffnung – verwiesen sieht.« (Ohlig, 16)

10.2   Religion

Aus welcher Perspektive die Fragen des Menschen auch kommen mögen, sie streben stets nach einer Gesamtschau, in der sie alle zusammengeführt und einsichtig beantwortet sind. Die Materialien und die Ausdrucksformen für die Gesamtschau, wie diese selbst, sind Schöpfungen des Menschen, Sprachschöpfungen, sei es der sprachlichen Gemeinschaft oder eines Einzelnen, die von einer Gemeinschaft sich zu eigen gemacht werden. Ein solches in einer Gemeinschaft geltendes Sinnsystem, das sich in der Gestalt eines Narrativs als Mythos, als Kult, als Verhaltenskodex und in seinen theistischen Formen auch als Lehre und Institution äußert, ist Religion. Sie ist Antwort auf die elementaren Fragen (Religiosität) des Menschseins. Um noch einmal Karl-Heinz Ohlig zu zitieren: »Religion ist eine aus der menschlichen Sinnfrage resultierende Deutung von Welt und Geschichte sowie unserer Rolle in ihnen. ›Gegenstand‹ von Religion sind Welt und Geschichte unter dem Blickwinkel der menschlichen Sinnfrage.« (Ohlig, 21) Da die elementaren Sinnfragen stets durch die Lebensumstände der Menschen gefärbt sind, von denen sie gestellt werden, sind auch die Sinnsysteme bzw. Religionen, die ihnen entsprechen, von den jeweiligen natürlichen und kulturellen Bedingungen mitgeprägt.

Die bei uns übliche Definition von Religionen als »soziale Systeme, deren Mitglieder sich zum Glauben an einen oder mehrere übernatürliche Akteure bekennen« (Dennet, 24) ist eine Engführung aus europäischer Sicht, da in unserem Kulturkreis in geschichtlicher Zeit Religion sich durchweg als ein Verhältnis zu Göttern oder Gott dargestellt hat. Diese Sicht blendet freilich aus, dass die philosophischen Sinnentwürfe seit der griechischen Antike ebenfalls vollständige Antwortkonzepte auf die menschlichen Sinnfragen sind. Sie sind zwar auch im subjektivischen Handlungsschema verfasst, vergegenständlichen die letztgültigen Bezugsgrößen und Aktionssubjekte aber nicht mehr zu göttlichen Personen. Auch Buddha beantwortete die Fragen des Menschen mit seinen vier edlen Wahrheiten, in denen Götter oder ein Gott nicht vorkommen. Viele frühe und noch heute existierende einfache Kulturen kennen keine Götter, ja nicht einmal ein »Anderes« oder »Jenseitiges« zu dieser Welt und Gegenwart.

Ein eindrucksvolles Beispiel dokumentierte der Sprachwissenschaftler David Everett, der sieben Jahre bei den Pirahã, einem Stamm der Amazonasindianer lebte und deren Sprache studierte. Er traf auf ein sehr glückliches Volk, das vollkommen in der Gegenwart lebte. Dinge, die sie nicht selbst erlebt haben, nehmen diese Menschen nicht zur Kenntnis. Sie sind auch nicht für Ereignisse zu interessieren, die in der Vergangenheit oder in der fernen Zukunft liegen. Im Zuge seines Sprachstudiums stellte er fest, dass die Sprache der Pirahã nur das Präsens artikuliert und dazu das benachbarte Futur I und das Präteritum, die sich beide deutlich auf den Augenblick des Sprechenden beziehen (er lachte – er lacht – er wird lachen). Einen differenzierten Blick auf Vergangenes oder Zukünftiges wie ihn unsere Sprache mit Futur II, mit Perfekt und Plusquamperfekt und mit zusätzlichen

Passiv- und Konditionalformen zur Verfügung stellt, kennt die Sprache der Pirahã und auch das Denken dieser Sprachgemeinschaft nicht. Dem entspricht es, dass die Pirahã auch keine Begriffe haben, mit denen sie Vergangenes oder Zukünftiges zählen und gliedern oder gar Ereignisse jenseits davon festmachen könnten, wie wir Europäer das tun mit Konstrukten wie Urknall, Idee oder Gottes Endgericht. Daniel Everett hat mit seinen Studien erneut bestätigt, was Johann Gottfried Herder (1744–1803), Wilhelm von Humboldt (1767–1835), der Philologe Friedrich Max Müller (1823–1900), der Linguist und Anthropologe Benjamin Lee Whorf (1897–1941) und die Sprachforscher in ihren Feldforschungen bereits erkannt hatten, nämlich: Kultur und Religion einer menschlichen Gruppe entwickeln sich im Wechselverhältnis zu deren Sprache als dem Paradigma, in dessen Strukturen wir Welt wahrnehmen und interpretieren. Die Axiome, die in diesem Wechselprozess in die Sprachstruktur eingehen, und die Weltsicht ihrer Sprecher prägen, werden von ihnen als evidente Wahrheiten gewertet, erweisen sich aber im Sprachvergleich als gesetzte Ausdrucksformen, in denen sich Weltverstehen in der jeweiligen Kultur ausspricht.

Bei gleicher sprachkritischer Betrachtung gibt sich die Vorstellung eines allmächtigen Gottes, die dem traditionellem christlichen Weltverständnis zugrunde liegt, als eine menschliche Setzung, als ein Axiom zu erkennen, die sich im Wechselspiel von subjektiver Weltsicht (vgl. Kap. 6.1) und dem subjektivischen Satzparadigma der europäischen Sprachen (vgl. Kap. 6.2 und Fischer 2012b) als evident gefestigt hat. Im sich gegenwärtig durchsetzenden funktionalen Paradigma ist die ebenfalls axiomatische Vorgabe enthalten, dass außerhalb der naturwissenschaftlich erschließbaren Wirklichkeit nichts existiert. In beiden Fällen haben wir keine verbürgten Inhalte vor uns, sondern lediglich Ausdrucksformen von Weltverstehen in unterschiedlichen Paradigmen.

Aus diesen Beispielen geht hervor, dass eine alles umfassende Antwort auf die elementaren Lebensfragen des Menschen in unterschiedlichen Paradigmen gegeben werden kann. Die elementaren *Fragen* des Menschen bilden seine Religiosität. Die umfassenden *Antworten* auf diese Fragen sind Religionen, ob sie nun Geister, Dämonen, Energien, Götter, Gott, die Idee, Logos, die Vernunft und Kausalität enthalten oder nichts von alledem.

10.3 Die Säkularisierung der Religion in der Moderne

Der Schritt vom subjektivischen zum funktionalen Paradigma beginnt mit der aufkeimenden Erkenntnis, dass der Mensch der Schöpfer und zugleich das Geschöpf der Kultur ist. Seine kulturellen Schöpfungen, zu denen auch seine Religion gehört, prägen sein Selbstverständnis und Verhalten. Den Anfängen dieser Erkenntnis muss hier nicht näher nachgegangen werden. Man kann ihre Wurzeln bereits beim englischen Philosophen Francis Bacon (1561–1626) erkennen, der den menschlichen Geist dazu aufforderte, sich von allen Idolen zu befreien, vor allem von den alten Trugbildern des Menschengeschlechts und des Autoritätsglaubens. Mit seiner Feststellung »Veritas filia temporis [...] non autoritatis« (die Wahrheit ist eine Tochter der Zeit, nicht der Autoritäten) sagt er: Tragfähige Erkenntnisse können wir nur aus der fortschreitenden Erforschung der Natur gewinnen und nicht aus den überlieferten Autoritäten der Philosophie und Religion. Diese zunächst nur in philosophischen Kreisen verhandelte Art, unsere Welt zu verstehen, setzte sich mit der Ausweitung der naturwissenschaftlichen Forschungen allgemein unter den Naturwissenschaftlern durch. Das war der Einstieg in ein Weltverständnis, in dem für überirdische Mächte und Götter kein Raum mehr blieb.

Seit der Mitte des ersten Jahrtausends sind alle in Europa geltenden Religionsformen im subjektivischen Paradigma verfasst, nämlich in der monotheistischen Gestalt des Christentums oder in einer der monistischen Systeme der Philosophie. Jetzt wird bewusst, dass uns die Sicht auf die Welt und unser Menschsein nicht für alle Zeit durch religiöse oder philosophische Autoritäten vorgegeben ist, sondern von uns selbst hervorgebracht wird und zu verantworten ist.

Damit verändert sich auch das Verständnis von Geschichte. Wurde im christlichen Kosmos die Geschichte als die Abfolge von Vorgängen innerhalb der zu ihrem Ende hinführenden Heilsgeschichte Gottes verstanden, so beginnt man sie jetzt als einen durch Menschen herbeigeführten Entwicklungsprozess und Wirkungszusammenhang zu verstehen. War der Einzelne bis dahin durch Geburt fest in seine Religion und in deren Heilsgeschichte eingebunden, so beginnt er sich jetzt immer mehr als Mitgestalter, ja auch als Schöpfer einer rein immanenten Kulturgeschichte zu erleben.

10.3.1 Das Wahrheitsmonopol der Naturwissenschaft

Die elementaren Fragen des Menschen waren freilich weiterhin da und sie verlangten nach einer Antwort. Das Monopol dafür, was als Wahrheit zu gelten hatte, war seit dem 17. Jahrhundert fließend, aber doch zunehmend auf die Naturwissenschaft übergegangen, die sich konsequent als ein rein innerweltliches Antwortmodell verstand. Der Zoologe und ideologische Wortführer der naturwissenschaftlichen Atheisten, Ernst Haeckel, gründete 1906 sogar den »Monistenbund« mit einem »Glaubensbekenntnis der reinen Vernunft« und dem »Kultus unserer idealen Gottheit [...], der Dreieinigkeit des Wahren, Guten und Schönen« (Haeckel, 511). Diese Religion der naturwissenschaftlichen Vernunft sollte erklärtermaßen die christliche Religion ablösen und ersetzen. Es hat sich schon im 20. Jahrhundert gezeigt, dass die Erkenntnisse der Naturwissenschaften trotz mancher Antworten in immer tiefere Fragen hineinführten, die Welt zunehmend schwerer zu verstehen war und von dieser Seite keine Antworten auf die Sinnfragen des Lebens zu erwarten waren.

10.3.2 Die Erlösung des Menschen durch die gute Gesellschaft

Mit dem Anspruch auf wissenschaftliche Wahrheit und Objektivität entwarfen Karl Marx (1818–1883) und Friedrich Engels (1820–1895) ihr soziales, politisches und ökonomisches Sinnsystem, das ihre Erfinder und Anhänger für den Endzustand hielten, auf den sich die Menschheitsgeschichte mit naturgesetzlicher Notwendigkeit hin entwickelte. Dieses säkular-religiöse Sinngefüge nahm in den sozialistischen Revolutionen und den Diktaturen konkrete Gestalt an und forderten von allen gläubige Zustimmung. Wie immer man den Marxismus philosophiegeschichtlich einschätzen mag; in seiner Selbstdefinition erhebt er den Anspruch, alle Sinnfragen vollständig zu beantworten, die Menschen von ihrem bisherigen falschen Bewusstsein zu befreien und sie zu ihrem wahren Wesen zu bringen. Im Standardwerk der marxistisch-leninistischen Philosophie von 1976 ist zu lesen: »Die Lehre von Marx ist allmächtig, weil sie wahr ist. [...] sie gibt den Menschen eine einheitliche Weltanschauung. [...] Sie ist eine umfassende materialistische Auffassung, [...] weil sie alle Erscheinungen der Welt aus sich selbst, aus ihren immanenten Bewegungs- und Entwicklungsgesetzen, d. h. ohne Zuhilfenahme fremder, übernatürlicher Kräfte erklärt.« Der Marxismus »erweist sich weiter als eine einheitliche Weltanschauung, indem er erstmalig eine wissenschaftlich begründete Auffassung vom Menschen entwickelte, von seinem Wesen und seiner Existenz, von seiner Stellung in der Welt und seinem Verhältnis zur Welt« (PhWb 2, 740). Analog zum biblischen Mythos vom Sündenfall enthält das marxistische Sinnkonzept ebenfalls einen Mythos: den der Entfremdung. Danach wird der Mensch durch das Entstehen des Privateigentums und der so möglich gewordenen Ausbeutung der anderen seiner selbst entfremdet. Erst durch die Abschaffung des Privateigentums kann der Mensch zu seinem wahren Wesen zurückgeführt werden. Die historische Vorstufe und Brücke zu diesem paradiesischen Zustand der politischen und materiellen Gleichheit in einer klassenlosen kommunistischen Gesellschaft bildet der Sozialismus.

10.3.3 Die Erlösung des Menschen durch Psychoanalyse

Mit dem Selbstverständnis der Naturwissenschaft als einer auf Erfahrung gegründeten und methodisch kontrollierten Erkenntnis der menschlichen Vernunft war gegenüber der Offenbarungserkenntnis der christlichen Religion ein neues und konkurrierendes Legitimationsprinzip für jedwedes Sinngefüge gewonnen. Karl Marx glaubte unter Berufung auf wissenschaftliche Vernunft, das Naturgesetz für die Entwicklung der menschlichen Gesellschaft auf das Endziel der klassenlosen Gesellschaft der Gleichen gefunden zu haben.

Der Mediziner Sigmund Freud (1856–1939) war der Überzeugung, aus der Erfahrung mit seinen Wiener Patienten die Struktur der menschlichen Psyche aufgedeckt zu haben. Danach bildet die Psyche eine Einheit aus drei personenartigen Instanzen, die ein spannungsvolles energetisches System bilden. Die Basis dieses »psychischen Apparates« bildet des Es. Diese erste Instanz umfasst den gesamten Bereich des Unbewussten und die Triebe, »ein Chaos, ein Kessel voller brodelnder Erregungen« (Freud, 511) und Leidenschaften, wo allein das Lustprinzip regiert. Das Ich als die zweite Instanz hat die schwierige Aufgabe, zwischen der Außenwelt, dem Es und seinen Lustforderungen und dem Über-Ich zu vermitteln und auszugleichen. Denn das Über-Ich als dritte Instanz repräsentiert die Werte und Normen, die es als verbindlich aus Familie und Gesellschaft übernommen hat. »Das Über-Ich legt den strengsten moralischen Maßstab an das ihm hilflos preisgegebene Ich an, es vertritt ja überhaupt den Anspruch der Moralität, und wir erfassen mit einem Blick, dass unser moralisches Schuldgefühl der Ausdruck der Spannung zwischen Ich und Über-Ich ist.« (Freud, 499f) Das Ich ist zwischen den oft nicht zu vereinbarenden Anforderungen des Es und des Über-Ich und der Realität gleichsam eingeklemmt. Gegenüber den Forderungen des Es nach Erfüllung der Lustbedürfnisse hat das Ich »zwischen Bedürfnis und Handlung den Aufschub der Denkarbeit eingeschaltet […]. Es vertritt Vernunft und Besonnenheit.« (Freud, 512f) Dazu sind auch noch die ehernen Werte und Normen des Über-Ich zu beachten, denn »[d]as Über-Ich […] beschimpft, erniedrigt, misshandelt das arme Ich, lässt es die schwersten Strafen erwarten, macht ihm Vorwürfe« (Freud, 499).

Freuds Psychoanalyse und die Art, wie sie betrieben wurde, hat nahezu alle Kennzeichen einer Religion als umfassendes Sinnsystem. Sie erhebt den Anspruch, für alle Menschen zu gelten und beruft sich dafür auf wissenschaftliche Wahrheit. Sie verspricht, die Sinnfragen jedes Einzelnen zu lösen, der sich ihr anvertraut. Angesichts des Mythos, wonach die Lustforderungen des Es das Ich zu überrollen drohen, bietet sie einen balancierten Ausgleich mit den moralischen Normen und Werten des Über-Ichs an. Sie hat sogar einen Gründermythos, der sorgsam gepflegt wird. Er erzählt, dass Freud (ähnlich Buddha) die Wahrheit des psychoanalytischen Wissens vom Menschen in der tiefen Versenkung seiner Selbstanalyse empfangen hat und trotz vieler Anfeindungen zum Stifter des neuen Heilswissens wurde.

Aus dem Kreis der ersten Schüler Freuds ist bekannt, dass die Jüngerschaft der Eingeweihten wie ein religiöser Orden organisiert war. In den Kreis der Wissenden konnte nur aufgenommen werden, wer wie der Novize eines Ordens die Probezeit der Lehranalyse im Sinne der Lehrmeister mit Erfolg abgeschlossen hat. Frank J. Sulloway hat das Elitebewusstsein, das Exklusivitätsgefühl und den Religionscharakter nach Zeugnissen der ersten Anhänger dokumentiert: Wilhelm Seckel, der sich als »Apostel Freuds« verstand, nannte den Meister »seinen Christus«. Max Graf berichtet von der kirchen- und geheimbundähnlichen Struktur des Jüngerkreises, der als Ketzer alle ausstieß, die von der reinen Lehre abwichen, so. z. B. Carl Gustav Jung, Alfred Adler u. a. »Freud – als das Haupt einer Gemeinde – verbannte

Adler. Er verjagte ihn aus der offiziellen Kirche. Einige Jahre durchlebte ich die gesamte Entwicklung der Geschichte einer Kirche.« (Sulloway, 653) 1912 gründete Freud sogar ein »Geheimkomitee« aus sieben seiner glaubensstärksten Anhänger. Die Priester des neuen Heilwissens traten mit der Botschaft vor die Welt: »Wo Es war, soll Ich werden«. Mit der Hilfe der Psychoanalyse kann jeder zu sich selbst und damit zum wahren Menschsein finden. Freud verstand das Konstrukt seines »psychischen Apparates« als eine objektive, naturwissenschaftliche Erkenntnis und verlieh ihm damit neben der wissenschaftlichen Legitimation auch noch die religiöse Weihe.

Freuds Psychoanalyse war der Durchbruch zu einem neuen Typus von säkularer Religion. Es ist ein Sinnsystem, dessen Heilsversprechen dem isolierten Einzelnen gilt. Es ist ein innerpsychischer Prozess, der keine Gemeinschaft mit anderen voraussetzt, der keine Abstimmung mit anderen einschließt und auch in keine Gemeinschaft führt. Wie das marxistische System funktioniert es auch ohne Bezug auf Gott oder eine Form von Transzendenz. Seine Legitimation bezieht es unter anderem aus der wissenschaftlichen Kompetenz seiner Stifterfigur.

10.3.4 Die Vervielfachung und Privatisierung neuer Sinnentwürfe

Im Kielwasser der psychoanalytischen Bewegung entstand eine Reihe anderer psychologischer Sinnentwürfe; nicht nur durch die exkommunizierten Abweichler, sondern in Gestalt anderer, freier Sinnentwürfe mit Heils- bzw. Erlösungsversprechen. Im deutschsprachigen Raum der 1960er- und 70er-Jahre hatten vor allem politisch-psychologische und soziopsychologische Sinnentwürfe Konjunktur. Diskutiert wurden diese Modelle in studentischen Kreisen und in den Jugendorganisationen der politischen Parteien. Praktiziert wurden sie in ungezählten Wohngemeinschaften in Gestalt von Selbsterfahrungsgruppen. Überall war man auf der Suche nach dem »neuen Menschen« und dem idealen Zustand der Welt. Nach den heißen Phasen der engagierten Selbsterfahrungsgruppen und persönlichen Experimenten blieben freilich die alten Fragen unbeantwortet zurück. Ernüchterung breitete sich aus.

10.3.5 Der New-Age-Horizont

Während in Europa noch die naturwissenschaftlichen Polit- und Psychogruppen ihre innerweltlichen Erlösungskonzepte einzulösen suchten, entstand in den USA bereits eine neue Bewegung, die sich unter der Bezeichnung »New-Age-Spiritualität« zusammenfassen lässt. Darin vereinigten sich Esoterik, Okkultismus, Mystik, Gnosis, östliche Religionsformen, archaisches Urwissen, Kosmosophie, kosmischer Evolutionismus und humanistische Psychologie zu den sonderbarsten Synkretismen. Die Welt wird hier noch weithin im subjektivischen Paradigma gedacht, aber nicht mehr von einem personalen Schöpfergott her, sondern im Rahmen eines Pankosmismus, der sich selbst organisiert und zusammengehalten wird von einer universalen, allgegenwärtigen Energie oder einem kosmischen Bewusstsein. Der Mensch wird im pantheistischen Sinne als ein Teil eines – wie immer definierten – höheren göttlichen Selbst verstanden. Angenommen wird auch eine Art All-Evolution, beginnend mit einer Evolution der Materie über die Evolution des Lebens bis zur Evolution des Bewusstseins, in der sich der Mensch zu einem kosmischen Höchsten hin entwickelt und seine Hirnzellen zu den Nervenzellen eines erwachten globalen Gehirns werden. Die New-Age-Bewegung versteht sich selbst als die Erkenntnis unserer selbst. Es geht also um einen kognitiven Weg der Selbsterlösung des Einzelnen in das große und höhere kosmische Selbst.

In den 80er Jahren des letzten Jahrhunderts brach diese in Nordamerika entstandene optimistische Heilsbotschaft wie eine Flutwelle über Europa herein. Hier traf sie auf die Polit- und Psycho-Messianismen, deren säkularer Fortschrittsglaube an die Allmacht der Vernunft freilich schon in die Krise geraten war.

Das New-Age-Denken, befeuert durch die schrillen Formen der Hippie-Bewegung, verwirbelte und verband sich in Deutschland mit den hier existierenden Tendenzen, Selbsterfahrungsgruppen und psychologischen Angeboten. Die Grundstimmung wandelte sich. Die gescheiterten immanenten Erlösungshoffnungen wurden von dem bunten Angebot der transzendenten, aber ebenfalls gottfreien, kosmischen Evolutionserwartungen und -möglichkeiten überholt. Der mit der New-Age-Welle entstandene Milliarden-Markt der Sinnangebote reanimierte auch alte europäische Traditionen des Okkultismus, der Gnosis, der Geheimlehren und Geheimbünde, der germanischen Kulturen und des archaischen Urwissens. Es beförderte auch den Ausbau einer kommerziellen Wohlfühl-Welt und einer Wellness-Bewegung mit Event-Angeboten, mit Beauty-Kult, mit Energie-Ritualen und einer Flut von Beraterliteratur für jedes nur denkbare Sinnziel.

10.3.6 Der Ist-Zustand

Zu Beginn des 21. Jahrhundert gibt es kein Sinnsystem mehr, das allen Europäern gemeinsam wäre. Es existiert ein unüberschaubarer Markt von Sinnangeboten. Religion ist auch nicht mehr Sache einer Gemeinschaft, sondern Sache des Einzelnen und Privatsache. Die Kinder werden nicht mehr in eine Religion hineingeboren, in der sie einmal heranwachsen und reifen werden. Der Einzelne ist heute gezwungen, sich sein Sinnkonzept selbst zu wählen und seine Wahl immer wieder zu überprüfen. Die Mitgliedschaft in einer Religion sagt nur noch wenig aus über die Zustimmung zu deren Sinnkonzept. So stimmt die Mehrheit derer, die noch einer christlichen Kirche angehören, dem personalen Gottesverständnis des traditionellen Christentums nicht mehr zu. Das Auswählen aus den Lehren und der Praxis eines Systems (Auswahlreligion) ist gegenwärtig besonders bei Katholiken anzutreffen.

Die Privatisierung der Sinnkonzepte geht noch einen Schritt weiter. Es besteht keine Verpflichtung mehr, eine Wahl auf Dauer zu treffen oder sich mit einem Konzept voll zu identifizieren. Wer möchte, kann sich sein Sinnkonzept aus Ingredienzien unterschiedlicher Religionen selbst nach Geschmack so zusammenbrauen wie seinen Cocktail: Religion ist kein vorgegebener Sinnraum mehr, in den der Einzelne hineinwächst oder eintritt, der ihn auch fordert und verpflichtet. Religion ist zu einem leeren Raum geworden, den der Einzelne mit seinen Lieblingsstücken nach eigenem Bedarf und Geschmack selbst ausstattet. Mit diesem Auswahlsynkretismus ist ein neues Kapitel in Europas Religionsgeschichte eröffnet.

10.3.7 Patchwork-Religion

Wird Religion als das System einer umfassenden Antwort auf die elementaren menschlichen Fragen verstanden, so fallen alle Antwortkonzepte – gleich welchen Niveaus und welcher Art – unter diesen Begriff. Eine »Pseudoreligion« kann es dann nicht geben. Denn »pseudo« im Sinne von »nicht echt« oder »nur nachgeahmt« setzt ja eine inhaltlich normative Definition von Religion voraus, an der das Unechte eines Antwortgefüges aufgedeckt werden könnte. Eine solche inhaltlich normative Definition von Religion gibt es nicht, es sei denn, in der Selbstinterpretation der Anhänger von diesem oder jenem Sinnsystem. Deren Wahrheitsansprüche und –normen heben sich freilich gegenseitig auf.

Der Begriff »Religion« als Antwortsystem auf die elementaren Fragen des Menschen kann nun aus unterschiedlichen Perspektiven näher bestimmt werden. Fragt man im Weltverständnis einer Religion nach den handelnden Mächten im Weltgeschehen, so können diese als ungreifbare Energien, als Geister, als Götter, als ein Weltengott oder als ein nichtpersonales Prinzip (Logos, Vernunft) vorgestellt werden. Diese Mächte können entweder als rein immanent oder in einer anderen Wirklichkeitssphäre als transzendent gedacht werden.

Fragt man nach dem Bereich, auf den sich die Antworten konzentrieren, so kann das Leben der Gemeinschaft im Vordergrund stehen oder das Leben des Einzelnen. Alle Stammesreligionen beziehen sich auf das gute Zusammenleben der Gemeinschaft. Wird die gesellschaftliche Ordnung als ausgewogen und gut erlebt, so richten sich alle Praktiken darauf, diese gute Ordnung zu erhalten. So zeigt sich uns die Religion der Ägypter und die frühen griechischen und römischen Kultgemeinschaften. Die Verehrung der Götter dient dem Wohle aller und gehört zur Pflicht des Bürgers einer Stadt oder eines Staates. Wird die gesellschaftliche Ordnung als defizitär oder gestört erlebt, so zielen die religiösen Aktivitäten darauf, die gegenwärtige Ordnung auf ein besseres Ziel hin zu verändern. Dieser Religionstypus begegnet uns beispielhaft im jüdischen Sündenbockritual (Lev 16). Dem ausgewählten Bock wird die im vergangenen Jahr aufgehäufte Schuld des Volkes aufgeladen. Mit dieser Sündenlast, deren Wirkung die Gemeinschaft zerstört, wird er in die Wüste hinausgetrieben. Die Gemeinschaft wird so von den zerstörerischen Auswirkungen der Sünde befreit und kann unbelastet neu beginnen. Die Forderungen der alttestamentlichen Propheten nach besserer Gerechtigkeit richten sich gleichfalls auf die bessere Gesellschaft.

Fragt man nach den Mitteln, mit denen Religionen ihr Heilsziel zu erreichen suchen, so trifft man auf eine bunte Fülle von Möglichkeiten, Schwerpunkten und Kombinationen:

- kultische Rituale und Praktiken ausüben
- Gebote und moralische Normen halten, Verbotenes meiden
- eigene Leistungen vollbringen (Opfer, Askese u. a.)
- das Wesen und den Auftrag des Menschseins erfüllen
- den Lehren der Religion zustimmen
- auf die höchste Macht vertrauen, sei diese ein Gott, die Weltvernunft, die menschliche Vernunft, der selbstgewählte Weg und dessen Ziel, die eigene Kraft u. a. m.

Ein den Europäern gemeinsames Sinnsystem gibt es nicht mehr. Die Voraussetzung dafür ging mit dem fließenden Übergang vom subjektivischen zum funktionalen Paradigma verloren. Sinnsysteme sind immer und überall in Modelle der Welterfahrung eingebunden. Die seit der Renaissance sich durchsetzende Individualisierung des Selbstverständnisses hatte zur Folge, dass Religion zur Privatsache wurde, die man nach persönlichem Bedürfnis und Geschmack aus dem jeweiligen Angebot der Sinnsysteme wählen muss oder aus seinem Leben ausschließen kann. Der sich seiner selbst bewusst gewordene Mensch kann wohl vorgegebene Religionen abwählen, er kann damit freilich nicht auch jene elementaren Fragen aus seinem Leben abwählen oder ausschließen, die eine Antwort fordern. Wenn er im Sinnangebot seiner Zeit kein ihm zusagendes Antwortsystem findet, kann er sich im Rahmen seines intellektuellen Horizontes aus Versatzstücken der ihm zugänglichen Religionsangebote seine eigene Patchwork-Religion bauen, ohne sie als Religion zu verstehen. Dabei zeichnet sich eindeutig die Tendenz ab, bei der Sinnsuche das Wohl der größeren Gemeinschaften, in die wir alle eingebunden sind, aus den Augen zu verlieren und das persönliche Heil in den Vordergrund zu stellen.

10.3.8 Erlösung und Heil

»Heil« ist in allen Religionen das angestrebte Ziel. Die Vielfalt der Heilsziele entspricht der angedeuteten Vielfalt der Religionen. In jedem Sinn- und Antwortsystem geht es um Heilsein oder Heilwerden gemäß einem der skizzierten Ziele.

Das Wort »Heil« geht zurück auf das germanische *haila* mit der Grundbedeutung von »gesund«, »ganz«, »vollständig«, »unversehrt«. Heil ist mit Glück, mit Gesundheit, mit Vollständigkeit und – bei Verlust – dem Wiederherstellen all dessen verbunden. Im Einflussbereich des Christentums und dessen Verständnis von Mensch, Sünde und Endgericht hat es die Bedeutung von »Erlösung« angenommen.

In allen Stammesreligionen bezieht sich Heil und Erlösung auf die eigene Gruppe, die Stadt, das Gemeinwesen, das Volk, den Staat in deren Gegenwart und unmittelbaren irdischen Zukunft. Das gilt auch für das Judentum (bis auf wenige späte apokalyptische Texte). Im Römischen Reich dienten die einzelnen Kulte, dessen Verehrungspraktiken jeder in seiner Religion zu vollziehen hatte, dem Wohl des Staates. Das monotheistische Judentum passte in dieses römische Religionsverständnis nicht hinein und konnte als Volksreligion nur mit der besonderen Erlaubnis des römischen Staates ausgeübt werden. Philosophische Sinnsysteme und die Mysterienreligionen, die sich auf das persönliche Heil des Einzelnen bezogen, waren hingegen in das römische Religionsverständnis gut integrierbar. Auch das vom Judentum abgelöste Christentum sprengte mit seinem monotheistischen Weltverständnis das römische Konzept.

Das Heilsziel eines Sinnsystems ist im jeweiligen Welt- und Menschenverständnis bereits angelegt und vorgezeichnet. Die europäische Kultur ist zum einen vom subjektivischen Paradigma geprägt, in dem auch das christliche Denken verfasst ist. Das jüdische Erbe ist der personale Monotheismus, und das Erbe der griechischen Philosophie ist die Möglichkeit, alles Sein und Geschehen in einem unpersönlichen Weltprinzip gegründet zu sehen. Im jüdisch-christlichen Denken herrscht die Vorstellung, dass der Mensch in einem heilen Zustand erschaffen wurde. Er lebte in einem engen Vertrauensverhältnis zu seinem Schöpfer und damit auch in einem guten Verhältnis zu seinem menschlichen Gegenüber. Aus diesem paradiesischen Zustand wurde er vertrieben, als er aus dem ursprünglichen Vertrauensverhältnis zum Schöpfer ausbrach und nicht mehr dessen Willen, sondern seinem eigenen Willen folgte (Gen 3). In dieser mythischen Urgeschichte drückt sich das Bewusstsein aus, dass der vorfindliche Mensch in einem gestörten Verhältnis zu seinem Gott lebt und dadurch auch seine Gemeinschaft in einen instabilen und unheilvollen Zustand bringt. Altes und Neues Testament gehen von der Erlösungsbedürftigkeit des Menschen aus. Die Gebote, die Botschaft der Propheten und die Rituale des Judentums richten sich als Heilsmittel darauf, das notorisch gestörte Verhältnis zu Gott und zum Nächsten wieder herzustellen.

Die Botschaft Jesu enthält keine kultischen Heilsmittel. Seine Einladung, das eigene Leben aus der Kraft der Liebe zu wagen, bringt den, der es wagt, sowohl in das heile Verhältnis zu Gott wie auch zu sich selbst und zu seinen Mitmenschen. »Reich Gottes« oder »Herrschaft Gottes« ist die Bezeichnung Jesu für die Erlösung aus dem Unheilsstatus. Zu dieser existenziellen Art des Erlösungsgeschehens für den Einzelnen und die Gemeinschaft sind im Laufe der Kirchengeschichte rituelle Elemente aus den heidnischen Religionen, kirchliche Bedingungen und intellektuelle Auflagen der Lehre hinzugekommen.

Für Menschen, die ihre Welt und sich selbst im funktionalen Paradigma – und damit ohne Gott und ohne ein vorgegebenes Verhältnis zu ihm – denken, existiert weder die Vorstellung eines gestörten Heilszustandes noch die eines gebrochenen Gottesbundes noch die Notwendigkeit, sich auf göttliche Gebote und ein bestimmtes soziales Verhalten zu verpflichten. Säkulare Menschen – und das sind heute auch viele, die einer Kirche angehören – erfahren sich wohl auch in Spannungen, sei es zu seinem Selbstbild, zu ihren Mitmenschen und zu den Umständen ihres Lebens. Aber sie fühlen sich deshalb weder unerlöst noch einer Erlösung oder eines Erlösers bedürftig. Sie fragen und suchen nach Möglichkeiten, Aktivitäten und Praktiken, die ihm dazu helfen, dass ihm sein Leben besser gelingt. Säkulare Menschen kennen auch Verfehlung und Schuld, und zwar gemessen an den eigenen Normen. Sie sehen sich allerdings nicht in einem schicksalhaft vorgegebenen Zustand von Schuld und Sünde, aus dem er erlöst werden müssten. Die traditionelle kirchliche Verkündigung von der Erlösung des Menschen durch den Tod Jesu läuft hier ins Leere, weil alle Voraussetzungen und Anschauungsformen fehlen, um die in den Vorgaben enthaltene Logik zu verstehen.

11 Schlusswort

Dieses Buch schreibe ich nicht als ein Gegner, sondern als ein engagierter Mann der Kirche. Die Analysen klagen niemanden an. Sie legen freilich auch schmerzhafte Tatbestände frei und machen so Anhaltspunkte dafür sichtbar, auf welcher Ebene die Botschaft Jesu in unserem säkularen Kontext eingebracht werden kann und darin artikulierbar bleibt.

Einigkeit besteht darin, dass die Basis der kirchlichen Verkündigung die Botschaft Jesu ist. Diese Botschaft besteht inhaltlich darin, uns anzustoßen und zu ermutigen, unser Leben im Vertrauen auf jene Liebe zu wagen, die Jesus uns durch sein Leben und Wirken exemplarisch sichtbar gemacht hat. Als Jude hat er das selbstverständlich in den historisch gegebenen Ausdrucksformen seiner Religion getan.

Hätten Jesu Jünger diese Botschaft in den Rahmen jüdischen Denkens eingeschlossen, wie das die Gruppe um Petrus wollte, so wäre sie als jüdische Sekte innerhalb weniger Jahrzehnte im palästinensischen Raum untergegangen. Paulus, der gelernte jüdische Theologe, hat erkannt, dass Jesu Botschaft zwar im jüdischen Gewand artikuliert wurde, aber an diesem Gewand weder hängt noch damit identisch ist. Er hat in seiner Verkündigung der Botschaft Jesu das einfachste Gesetz jeder menschlichen Kommunikation beachtet. Danach kann man einem Gegenüber einen Inhalt nur mitteilen, wenn man ihn in einer Sprache, in Bildern, Symbolen, Denkmustern und Anschauungsformen vermittelt, die dem Angeredeten vertraut sind. So hat er sich bei seinem Weg durch hellenistisch geprägte Kulturen der Denkformen der Mysterienreligionen, der Gnosis, der Stoiker und anderer Philosophien bedient, um die Botschaft Jesu im geistigen Horizont seiner jeweiligen Hörer verständlich zu machen. Das Gleiche wurde von Missionaren und Theologen bei der Übersetzung der Botschaft Jesu aus dem hellenistischen in den römischen Kulturraum geleistet und auch bei der Transformation in das Denken der Germanen. Auf den Paradigmenwechsel, der im Bewusstsein der Europäer seit mehr als einem Jahrhundert im Gang ist, haben bisher weder die christlichen Theologen noch die kirchlichen Praktiker zureichend reagiert. Die Zahl der Kirchenaustritte (vgl. Fischer, 2014) sagt dazu genug.

Das überholte enge Verständnis von Religion als eines Verhältnisses des Menschen zu Gott hat einen Graben zu den Zeitgenossen aufgerissen, die, wie alle anderen, ihre elementaren Fragen haben und nach Antworten suchen, dies aber im funktionalen Paradigma ohne die weltanschauliche Vorgabe »Gott« tun. Als kirchlich Engagierte leben wir mit ihnen in einem Gemeinwesen zusammen, oft Tür an Tür, und wir sind gemeinsam für die Gestalt und Zukunft dieses Gemeinwesens verantwortlich. Es ist an der Zeit, die Antworten von säkularen Zeitgenossinnen und Zeitgenossen als religiöse Sinnsysteme ernst zu nehmen und ohne die Barriere theistischer Vorgaben den inhaltlichen Dialog über Lebensfragen unserer Gemeinschaft mit ihnen zu suchen. Geschieht das in einer säkularen Sprachform, die in unserer gegenwärtigen Kultur jeder verstehen kann, so werden alle, die in diesen Dialog eintreten, am Beispiel konkreter gemeinsamer Sinnfragen mit Jesu Verständnis von Mensch und Welt in Kontakt gebracht. Im öffentlichen Ringen um gute Lösungen in unserer Welt wird die Botschaft Jesu, das Leben im Vertrauen auf Liebe zu wagen, sagbar bleiben.

Zitierte und verwendete Literatur

(Im Text wird in Klammer nur das hier fett gedruckte Element des Titels mit Seitenangabe oder Ordnungsnummer genannt)

Augustinus, A., De vera religione / Über die wahre Religion. Lat. / dt. Hg. von W. Thimme. Stuttgart 1943

APh = dtv-Atlas zur Philosophie. Hg. von P. Kunzmann u. a. 2. Aufl. München 1992

Albert, K., Platonismus – Weg und Wesen abendländischen Philosophierens. Darmstadt 2008

Barth, K., KD = Kirchliche Dogmatik. 4 Bde. Zürich / München, 1932ff

Berger, P. L., Der Zwang zur Häresie. Religion in der pluralistischen Gesellschaft. Frankfurt/M. 1980

Bertholet, A., Wörterbuch der Religionen. 4. Aufl. neu hg. von K. Goldammer, 1985

Böhme, H., Religion und Kulturtheorie, in: B. Weyel / W. Gräb (Hg.), Religion in der modernen Lebenswelt. Erscheinungsformen und Reflexionsperspektiven. Göttingen 2006, S. 208–230

Braun, H. Jesus, der Mann aus Nazareth und seine Zeit. Erweiterte Studienausgabe, Stuttgart 1984

Brecht, B., Kalendergeschichten. Hamburg 1970

Bultmann, R., Theologie des Neuen Testaments. Tübingen 1948ff

Cicero, M. T., De natura deorum / Über das Wesen der Götter. Übers. und hg. von U. Blank-Sangmeister. 2. Aufl. Stuttgart 2003

Comte-Sponville, A., Woran glaubt ein Atheist? Spiritualität ohne Gott. Zürich 2008

Cox, H. Die Zukunft des Glaubens. Wie Religion wieder zu den Menschen kommt. Freiburg 2010

Dawkins, R., Der Gotteswahn. Berlin 2008

De Botton, A., Religion für Atheisten. Frankfurt/M. 2013

De Groot, E., Gott – der Atem der Welt. Gütersloh 2015

Dennett, D. C., Den Bann brechen. Religion als natürliches Phänomen. Frankfurt/M. / Leipzig 2008

Dux 1982, G., Die Logik der Weltbilder. Sinnstrukturen im Wandel der Geschichte. Frankfurt/M. 1982

Dux 2013, G., Historisch-genetische Theorie der Kultur. 3. Aufl. Weilerswist 2013

DV = Dei Verbum. Dogmatische Konstitution, 1965

Einstein, A. Mein Weltbild. Berlin 2005

Elsas, Chr. Religionsgeschichte Europas. Religiöses Leben von der Vorgeschichte bis zur Gegenwart. Darmstadt 2002

Everett, D., Das glücklichste Volk. Sieben Jahre bei den Pirahã-Indianern am Amazonas. 2. Aufl. München 2010

Faix, T. / Hofmann, M. / Künkler, T., Warum ich nicht mehr glaube. Wenn junge Erwachsene den Glauben verlieren. 2. Aufl. Witten 2014

Fischer 2012 a, H., Der Auferstehungsglaube. Herkunft, Ausdrucksformen, Lebenswirklichkeit. Zürich 2012

Fischer 2012 b, H., Sprache und Gottesglaube. Wie kann man heute von Gott reden? Baden 2012

Fischer 2014, H., Alternativlos? Europäische Christen auf dem Weg in die Minderheit. Zürich 2014

Flasch, K., Warum ich kein Christ bin. München 2013

Freud, S., Neue Folge der Vorlesungen zur Einführung in die Psychoanalyse, in: Studienausgabe. Bd. 1. Frankfurt/M. 1969, S. 447–608

Gehlen, A., Der Mensch. Seine Natur und seine Stellung in der Welt. 7. Aufl. 1962 Frankfurt/M. 1940

Gerhardt, V., Der Sinn des Sinns. Versuch über das Göttliche. , 2. Aufl. 2015 München

Grosser, A., Die Früchte ihres Baumes. Ein atheistischer Blick auf die Christen. Göttingen 2005

HbRGW = Handbuch Religiöse Gemeinschaften und Weltanschauungen. Gütersloh 6. Aufl. 2015

Havel, V., Rede vor der 55. Jahrestagung von IWF und Weltbank am 25. 9. 2000 in Prag. In: FAZ 26.9.2000

Haeckel, E., Die Welträtsel (1899). 11. verbesserte Aufl., Nachdruck Stuttgart 1984

Hendrikse, K., Glauben an einen Gott, den es nicht gibt. Manifest eines atheistischen Pfarrers. Zürich 2013

Heussi, K., Kompendium der Kirchengeschichte. Tübingen 18. Aufl. 1991

Höffe 2001, O., Kleine Geschichte der Philosophie. München 2001

Höffe 2008, O., Lexikon der Ethik. 7., neubearbeitete und erweiterte Aufl. München 2008

Hofmann, W., Die Geburt der Moderne aus dem Geist der Religion, in: W. Hofmann (Hg.), Luther und die Folgen für die Kunst. München 1983, S. 23–71

HrwG = Handbuch religionswissenschaftlicher Grundbegriffe. Hg. von H. Cancik u. a. 5 Bde. Stuttgart 1988–2001

Humboldt, W. v., Über die Verschiedenheit des menschlichen Sprachbaues (1827–1829) / Über die Verschiedenheit des menschlichen Sprachbaues und ihren Einfluss auf die geistige Entwicklung des Menschengeschlechts (1829–1836), in: W. v. Humboldt, Werke in fünf Bänden. Bd. 3. Darmstadt 1963, S. 144–367 / S. 368–756

Kehrer, G., Religionssoziologie. in HrwG 1, S. 59–86

Jörns, K.-P., Notwendige Abschiede. Auf dem Weg zu einem glaubwürdigen Christentum. Gütersloh 2. Aufl. 2005

Käsemann, E., Das Problem des historischen Jesus, in: Exegetische Besinnungen. Bd. 1, Göttingen 3. Aufl. 1964, S. 187–214

KKK = Katechismus der Katholischen Kirche. München u. a. 1993

Körtner, U. H. J., Wiederkehr der Religion? Das Christentum zwischen neuer Spiritualität und Gottvergessenheit. Gütersloh 2006

Kroeger, M., Im religiösen Umbruch der Welt: Der fällige Ruck in den Köpfen der Kirche, Stuttgart 3. Aufl. 2011

Kuczynski, R., Was glaubst du eigentlich? Weltsicht ohne Religion. Berlin 2013

Kuitert, H. M., Ich habe meine Zweifel. Eine kritische Auslegung des christlichen Glaubens. Gütersloh 1993

Kuschel, K.-J., »Ich glaube nicht, dass ich Atheist bin«. München 1992

Kuckenburg, M., Wer sprach das erste Wort? Stuttgart 2004

LdR = Lexikon der Religionen. Hg. von H. Waldenfels. 2. Aufl. Freiburg 1988

Leroi-Gourhan, A., Die Religionen der Vorgeschichte. Frankfurt/M. 1981

Lorenz, F., Wozu brauche ich einen Gott? Gespräche mit Abtrünnigen und Ungläubigen. Hamburg 2009

Luckmann, Th., Die unsichtbare Religion (1967). 3. Aufl. Frankfurt/M. 1996

Lührmann, D., Das Markusevangelium. Tübingen 1987

Luhmann 2000, N., Die Religion der Gesellschaft. Frankfurt/M. 2000

Luther, M., Der große Katechismus, in: Bekenntnisschriften der evangelisch-lutherischen Kirche. 2. Aufl. Göttingen 1952

Malinowski, B., Magie, Wissenschaft und Religion (1948). Frankfurt/M. 1973

Mann, F., Das Versagen der Religion. Welchen Beitrag können Religion, Naturwissenschaft und Kultur zur Beantwortung der Sinnfrage leisten? München 2013

Martini, C. M. / Eco, U. (Hg.), Woran glaubt, wer nicht glaubt? München 1999

MLR = Metzler Lexikon Religion. Hg. von Ch. Auffahrth / J. Bernard / H. Mohr. 3 Bde. Stuttgart/Weimar 1999f

NA = Neue Anthropologie. Hg. von H.-G. Gadamer / P. Vogler. 7 Bde. Stuttgart 1972–1974

Ohlig, K.-H., Religion in der Geschichte der Menschheit. Die Entstehung des religiösen Bewusstseins. Darmstadt 2002

PhWb = Philosophisches Wörterbuch. Hg. von G. Klaus / M. Buhr. 2 Bde. 12. Aufl. Leipzig 1976

Plessner, H., Die Stufen des Organischen und der Mensch. Einleitung in die philosophische Anthropologie. 3. Aufl. Berlin / New York 1975

Poesie der Lebensalter. Gedichte. Ausgewählt von E. Polt-Heinzl und Chr. Schmidzell, Stuttgart 2005

Roth, G., Aus Sicht des Gehirns. Frankfurt/M. 2003

Scheler, M., Sie Stellung des Menschen im Kosmos (1928). 18. Aufl. Berlin 2010

Schlieter, J., (Hg.) Was ist Religion? Texte von Cicero bis Luhmann. Stuttgart 2010

Schnädelbach, H., Vernunft. Stuttgart 2007

Scholl, N., Religiös ohne Gott. Warum wir heute anders glauben. Darmstadt 2010

Schrenk 2003, F., Die Frühzeit des Menschen – der Weg zum homo sapiens. 4. Aufl. München 2003

Schrenk 2009, F., Paläoanthropologie. In: Handbuch Anthropologie. Hg. von E. Bohlken / Ch. Thies, Stuttgart 2009, S. 197–207

Schweizer, E., Jesus Christus. München / Hamburg 1968

Spiro, M. E., Religion. Problems of Definition and Explanation. in: M. Banton (Hg.), Anthropologian Approaches to the Study of Religion, 1996

Spitzer, M. Lernen. Heidelberg/Berlin 2002

Spong 2006, J. Sh., Warum der alte Glaube neu geboren werden muss. Ein Bischof bezieht Position. Düsseldorf 2006

Spong 2011, J. Sh., Jenseits von Himmel und Hölle. Eine neue Version vom ewigen Leben. Ostfildern 2011

Sulloway, Frank J., Freud – Biologie der Seele. Jenseits der psychoanalytischen Legende. Köln 1982

Sundermeier, Th., Was ist Religion? Religion im theologischen Kontext. Theologische Bücherei, Bd. 96. Gütersloh 1999

Steffensky, F., Warum ich das Wort Spiritualität nicht mehr hören kann, in: Publik-Forum 12/2014, S. 40–44

Tillich, P., Wesen und Wandel des Glaubens. Berlin 1961

Trabant, J., Artikulationen – Historische Anthropologie der Sprache. Frankfurt/M. 1998

Weyel, B. / Gräb, W. (Hg.), Religion in der modernen Lebenswelt. Erscheinungsformen und Reflexionsperspektiven. Göttingen 2006

Wimberger, G., Glauben ohne Christentum Eine Vision. Marburg 2013

Wunn, I., Die Religionen in vorgeschichtlicher Zeit. Stuttgart 2005

Yinger, J. M., The Scientific Study of Religion. 1970